Taiwan People News

台灣人的心頭話

02

《民報》評論選集

主編
劉志聰
陳永興

主編序　作時代見證，為台灣發聲

陳永興
民報文化藝術基金會董事長

籌辦民報發起人共同聲明

我們醞釀著一個夢想……

我們希望台灣能有一份新的報紙誕生。

我們知道你可能和許多人或朋友一樣，乍聽之下的反應是：你們瘋了吧？你們是有錢沒地方花嗎？台灣媒體還不夠多、不夠亂啊……？

我們完全理解這些疑惑和善意的擔憂。

我們當然知道，在網際網路和電子媒體高度發展下，全世界許多曾經叱吒一時的報社都已逐漸結束他們的紙本新聞，至於台灣更從來沒有一個階段像現在這樣，媒體氾濫、萬眾爭鳴、百花齊放。

在這樣的潮流和環境下，我們無數次地問過自己：真的有一份新報紙存在的必要嗎？它存在的意義又在哪裡？

媒體開放曾經是無數人用意志、熱血甚至不惜賠上身家性命所奮鬥的目標，然而今天我們看到的卻是與原先的期待背離甚遠的結果。

多數的媒體為了搶奪有限的生存資源，利益的考量早已大於基本的信念，輕薄短小、色腥誇張、譁眾取寵似乎已經成為新聞的主流。

加上長久以來的政黨惡鬥，媒體背後的投資者各擁其主，各自為各自的意識型態和各自的擁護者服務。

近年來，我們無法否認，從某個角度來看，媒體在台灣似乎已經淪落成為一種生財以及類似的宣傳工具而已。

一位為台灣民主運動付出一生的前輩對台灣的媒體和公眾言論的現狀曾經這樣的感嘆，他說：「這是最喧囂的時代，卻也是最沉默的時代。」事實正是如此。

於是，不分晝夜，台灣處處喧嘩，但我們卻聽不到一點厚實有力的聲音。

媒體彷彿無所不在，但很多人卻找不到可以說真話、講道理的地方。

於是，台灣慢慢變冷了。冷的不是天氣，而是熱情、志氣；冷的是對這塊土地真心的關懷和愛，以及對她的未來曾經那麼殷切而且充滿自信的期待。

有些人甚至連心都冷了，冷到視而不見、聽而不聞，冷到無感、無言。

於是，我們逐漸看不清事物的真實面貌，聽不到可以心悅誠服的啟示，找不到可以共同尊敬的人，甚至看不到可以義無反顧、一心向前的願景。

因此，我們決定結合對台灣前途仍然有向上提昇力量、盼望的人。我們相信，在台灣社會仍然有許多熱心、熱情，以正面心態在看待台灣社會及前途，這款力量應該結合起來，用眾人的力量籌辦一份新的報紙，相信必然能對台灣社會形成正面提昇的力量，來創造一個新局面。

我們希望：未來這份報紙所反映、發掘與關心的每一個議題，都是真正敬業專業的人、對土地有熱情的人，秉著良心之筆而出的。這會是一個反映民間疾苦、吐露台灣民眾心聲的媒體平台。我們將提供開放的空間，能讓社運團體、弱勢團體、文化團體、環保團體、人權團體、教育團體、婦女團體、原民團體、醫療團體、工商團體、司改團體……等大家所關心的議題，可以獲得充分的討論；我們也希望能結合各行各業的專家，各個領域的學者，認真理性的在這報紙上探討台灣政治、經濟、社會、文化各方面問題，從多元的角度分析、評論，為台灣的將來深入思考我們共同的命運。不過，台灣的命運與亞洲、與世界所發生的一切是分不開的，因此這也會是一份兼具有國際視野、關心世界與人類未來的報紙。這是我們發起籌辦民報的心願！

我們知道辦報是吃力不討好的事，尤其是文字的閱讀和平面媒體的衰微是普遍的趨勢。但我們不願輕忽筆的力量和報紙對文化傳播與大眾思想的影響，所以我們戰戰兢兢誠實面對困難的挑戰，希望這份報紙的誕生能為黑暗中的台灣帶來一絲微弱的燭光，重燃台灣社會冷卻的熱情和希望，也照亮受苦的人們向前邁進的前程。

上面是二〇一三年我們發起籌辦《民報》時的共同聲明，二〇一四年四月十五日，經過一年籌備，《民報》正式創刊，經過八年的時間，我始終參與其中，歷經千辛萬苦也投入了許多心血，我們撐了八年的時間，見證了太陽花學運之後，台灣社會、政治、經濟、文化……個個層面重大的變化與挑戰。《民報》的作者群始終秉持著創刊時的理想和宗旨，為台灣發聲，為弱勢發聲，為公義發聲……，我們沒有財團的支持也沒有政黨的支持，靠著眾多關心台灣前途朋友的認同和小額贊助，讓《民報》走過八年的時間，二〇二二年四月，我下了決心將《民報》交棒給太陽花世代的年輕人，繼續傳承《民報》的精神。從一九二〇年代日治時期的臺灣文化協會發行《臺灣民報》，到一九四五年國民政府陳儀政權來台，當時的《民報》扮演批判監督的媒體角色，到一九八〇年代黨外雜誌鼓吹自由、民主、人權，百花齊放屢遭查禁，到二〇一四年我們又發行《民報》迄今二〇二二年，將近一百年的台灣人追求夢想：獨立建國打造公義社會提升進步文明的理想迄今未實現！

八年來，我們堅持以台灣人的主體性發行《民報》，不依附權勢，不盲從政黨，尊重言論自由及作者和讀者的獨立思考與判斷，提供充分開放的台灣本土輿論平台，充分反映台灣人民的心聲，為追求台灣人的理想而努力！現在我結束了自己的時代任務，交棒給年輕世代繼續努力！我請《民報》總編輯劉志聰兄，將八年來發表於《民報》的重要文章收集整理，涵蓋了三十五位作者的精彩言論（其中邱垂亮教授及陳銘堯兄的作品另有專書出版，就未收錄進來）出版為兩本選集留作歷史見證，讓讀者們能從其中回顧《民報》八年來走過的路，「作時代見證，為台灣發聲」是《民報評論選集》出版的心聲，希望得到讀者的共鳴！

主編序 混沌年代的言論座標

劉志聰
前《民報》總編輯

二〇一四年三月十八日太陽花學運爆發，籌備年餘的網路新媒體《民報》，也於當年四月十五日正式創刊。《民報》與三一八學運並無關連，卻不約而同地反應時代的脈動。當時馬英九第二屆總統任期即將過半，露骨親中路線引發社會疑慮，加深國家認同危機；又因治理失靈，民怨高漲，各種形態的社會運動風起雲湧，於三一八學運達到高峰，埋下政黨再輪替的伏筆。《民報》躬逢其盛，紀錄了大時代驚天動地的一頁，編採同仁以一雙拖鞋支撐一只 iPad，將學運訊息在第一時間傳布世界，展現新媒體的傳播威力，為學運留下經典畫面。

《民報》內容包括報導和評論，又以評論文章最具特色。創刊以來，秉持「為時代見證，替弱勢發聲」精神，針對台灣、兩岸、國際的政經、社會、文化重要議題，深度剖析，試圖撥開時代迷霧，凝聚社會共識，追求共同未來。《民報》媒體平台開放，堅持言論自由，聚攏無數海內外名家，共襄盛舉，撰發一篇篇別出心裁、擲地有聲的精彩文章，為時代留下珍貴的印記。

今年春，創辦人陳永興醫師以階段任務完成，決將《民報》交棒新世代接手，並選輯若干過去刊載的專欄文章，以實體書及電子版形式，結集交由秀威出版社出版，留做紀念。選輯文章涵蓋國家主權、台灣國際地位、兩岸關係、政府治理、政黨競爭、領導人誠信、經濟、國防、司法等面向。選輯文章雖由時事議題所觸發，但撰稿人以其豐富學養及深厚功力，得以跨越時效框限及時空條件，提出獨到見解及深度觀察，經得起時間的淬鍊。

當然，要將《民報》八年來刊出的文章，結集為篇幅有限的「書冊」，選輯過程不免陷入魚與熊掌的掙扎。也因此，我們強烈建議讀者直接進到《民報》網站（http://www.peoplenews.tw/），點入「歷史回顧」欄目，即可在舊《民報》網頁的「專欄」、「專文」欄目，快意瀏覽《民報》創刊以來所有文章，展開奇妙的思辨旅程，保證入寶山，滿載而歸。

《民報》相信，求真為媒體最核心的價值，假新聞殺死人們的思想，因此，我們堅持言論或報導應本諸良心說真話。《民報》編採言論內容或有疏漏，卻絕不刻意造假。秉持專業良知，在訊息混亂、真假難辨的媒體環境中，堅持說出真話，為時代留下見證。這也是《民報》的言論及編採準則。

《民報》強調台灣主體性，遵守法律規範，儘量做到尊重百分之百、或接近百分之百的言論自由。這本是媒體職責所在，卻是台灣媒體圈絕少兌現的承諾。《民報》對言論自由的理解及堅定信念，受到海內外關心時局人士的信賴，願意挺身而出，鼎力相助，共同為時代留下見證，為混沌年代樹立言論座標。

目次

作者群簡介

許慶雄

淡江大學國際學院亞洲研究所教授、台灣憲法學會理事長，曾任國立政治大學國際關係研究中心特約研究員。

敏洪奎

政論家。一九七二年曾以「孤影」筆名發表〈一個小市民的心聲〉，後因感嘆執政者保守極權毫無進步，開始為文呼籲外省選民放棄敵視心態，理性面對本土化的大浪潮。

曹長青

美籍華裔獨立評論員。曾任中國《深圳青年報》副總編輯。現為美國之音、自由亞洲電台評論員，主持新聞及文化評論網站《長青論壇》。

陳茂雄

中山大學退休教授、台灣安全促進會會長。曾任：考試委員、中山大學教授兼總務長、台電公司核能工程師。

陳順勝

高雄長庚醫院名譽副院長，神經內科、精神科、內科及職業醫學科專科醫師，曾任台灣神經學學會理事長、台灣醫學史學會理事長。

曾建元

國立台灣大學國家發展研究所法學博士、台灣獨家傳媒智庫執行長。

楊欣晉

美國塑膠工程師學會院士，曾任FAPA 中常委及伊利諾分會長。

廖天琪

現居科隆，曾任教波鴻魯爾大學，長年從事翻譯、編輯、寫作。歷任數屆獨立中文筆會會長。歐洲之聲社長。

田牧（潘永忠）

曾任職上海企業管理工作。九十年代初定居德國，積極參與海外民運之同時，亦筆耕不綴。民主中國陣線秘書長、歐洲之聲主編。

劉志聰

前民報總編輯；曾任台灣日報總編輯、中央社社長、玉山周報社長、Taiwan News 副社長兼總編輯、民報總主筆。

劉重義

美國俄亥俄州立大學數學博士，George Mason 大學助理教授，台灣科技大學兼任教授；曾任台獨聯盟美國本部副主席。

蔡嘉凌

東吳大學歷史學系與社會工作學系畢業，目前定居紐約。

鄭良瑩

政大東亞研究所碩士，擔任過報社記者及編譯，任外貿協會派駐莫斯科主任十年。

鄭春鴻

作家，曾任報紙副刊主編，執行副總編輯。曾獲金鼎獎及梁實秋文學獎等。

鄭欽仁

國立台灣大學歷史系名譽教授，曾任台灣安保協會理事長、財團法人現代學術研究基金會董事長。

謝淑媛

國際法學教授，專研核子武器管制，目前定居夏威夷。

中華民國體制下主張「台灣地位未定」是自我矛盾
——台灣地位未定問題再分析

許慶雄

至今如果仍然主張「台灣地位未定」，這種說法是否能成立？長久以來傳統獨派，大部分都是提出「台灣地位未定」，來推動台灣的建國運動，主張台灣不是中國的一部分、中國沒有資格以武力併吞台灣等等。認為這樣才能安全的獨立，世界各國才會支持台灣獨立。雖然這樣一套理論或理由，過去是有道理也有依據，但是對照現狀卻有矛盾。

在此必須說明，「台灣地位未定」等說法：第一、在五〇、六〇年代當時的戰勝國，確實有處理「台灣地位」的「未定」的時期。當時主張「台灣地位未定」是有理由與依據，但是「未定」的時期並未持續很久。

第二、九〇年代台灣解除戒嚴之後，台灣人可以自由主張「台灣地位」時，或許還是有主張「未定」的正當性，但是台灣的政客卻毫不留情的放棄，繼續維持中華民國體制。

所以說「台灣地位未定」，這種說法在時間推移上，早期上某種程度是有其依據，但是隨著時代、國際環境的變化，這些說法是否得以持續問題很多，的確隨著時代、國際環境的變化，這些說法已經無法理直氣壯。特別是台灣內部的演變與自我主張，更與這些說法完全背道而馳。台灣人再如何宣傳台灣不屬於中國，對照維持中華民國體制的現狀，真的是很無奈與矛盾。

因為台灣人以民主方式，自願支持的中國國民黨、民進黨政權，一再主張台灣就是中華民國、中華民國就是台灣。台灣社會完全沒有免疫力，一旦被中華民國病毒傳染立刻精神錯亂，中華民國台灣明明「不是國家」，卻說成是不正常的「國家」。總統候選人都被草包病毒傳染，完全不知道，北京政府很希望他們在台灣內部繼續維持中華民國體制，只要台灣的中華民國不去聯合國或國際社會爭中國代表權，北京政府就很安心。

聯合國憲章第二十三章第一節「The Security Council shall consist of eleven Members of the United Nations. The Republic of China, ……」，明確指出中華民國由北京政府代表。只要是中華民國的一切，北京政權就有權利繼承，屬於中華民國的台灣就是北京政權的台灣。台灣人不知道，在聯合國北京政權今天仍然堂堂正正代表中華民國出席開會。中華民國在聯合國席次是由北京政府代表與繼承，這是國際社會認證的事實。

台灣人搖著中華民國國旗吶喊，台灣插滿中華民國國旗，就是向全世界證明，台灣不是國家，與香港一樣只是中國的一部分。因此台灣人自我維持中華民國現狀下，再主張「台灣地位未定」、「台灣不屬於中國」，實在自我矛盾，無法說服海內外。

此外，「台灣地位未定」論，還有以下觀念是背離現代國際法理論。依據國際法法理與目前的國際社會法秩序，只有國家才能主張台灣這塊領土的領有權、所有權。從國際法觀點來看，如果「台灣地位未定」，台灣這個島嶼的歸屬地位未被確定，那麼唯一的可能性就是，有兩個以上的國家同時主張台灣是其所擁有的領土，有爭端無法確定歸屬那一國。

但是，傳統獨派的「台灣地位未定」論卻是相反，他們主張當初日本放棄對台灣的領域主權後，台灣就是屬於台灣人的領土。問題是，依照國際法理論，只有國家才能擁有領域，只有國家才能主張台灣是其所有的領域。不是國家的一群人或是任何政治組織、團體，都不能主張擁有領域，主張台灣是屬於他們的領土。

更何況，即使可以主張台灣是屬於台灣人的領土，「台灣地位未定」的情況下，唯一可以由台灣人主張的是，殖民地人民的人民自決原則。

結果台灣人卻反對人民自決投票，台灣人不想獨立建國。至今仍然搖著中華民國國旗吶喊，自願成為中華民國體制下的台灣，現狀下如何主張「台灣不屬於中國」。所以說，台灣人民維持現狀，繼續中華民國體制，必然造成現狀無法使「台灣不屬於中國」。

台灣地位未定出現於戰後初期

事實上，不管是一九七二年以前，代表中國的中華民國政府，或是現在的中華人民共和國政府，中國這個國家從未間斷的主張，台灣是其所擁有的領域。試想，包括和日本有糾紛的釣魚台，中國都不放棄爭取了，更何況是台灣，中國怎麼會不主張台灣是其所擁有的領域。

退一步，如果台灣是未定的「無主地」，則除了中國以外其他國家也會主張領有才對，怎麼沒有任何國家主張領有，這是不可能的狀況。也因為中國之外，沒有任何其它國家主張領有台灣，所以不可能是有爭端，是無法確定歸屬那一國的「台灣地位未定」。

目前提出「台灣地位未定」主張，都是以當時戰勝國沒有處理日本殖民地台灣的歸屬，所以戰後的處理未定。如果要堅持這樣的未定，也只能將時間點定在，自一九四五年日本戰敗至一九五二年舊金山和約確定日本放棄這段期間。當時出現一些不一定把殖民地台灣歸還中國的聲音，但是當時台灣人的大多數，完全沒有獨立建國的意願，所以不歸還中國的未定論並未形成。

之後國際局勢轉變，中華民國政府繼續統治台灣，美國政府或國務院就沒有再提出這種「台灣地位未定」的主張。國際社會與國際組織也沒有出現「台灣地位未定」的討論或主張。因此，一九五二年舊金山和約確定日本放棄對台灣的領域主權後，只有中國這個國家，或代表中國的兩岸新舊政府，主張台灣是中國的領域，其他國家並沒有爭論台灣地位的問題。「台灣地位未定」的主張要成立，當然更加困難。

回顧當年「台灣地位未定」形成的時代背景，是出現於戰後初期，首先由美國駐台新聞處處長羅伯特於一九四六年提出該論述。之後美國國務院政策規劃局長喬治．凱南與副手保羅．尼采、美國國務院特別政治事務辦公室主任迪安．魯斯克等人，在一九四八年提出過台灣地位未定的議論。但是他們只是美國國務院的中階官員，並無政策決定權與代表性。一九四九年三月由駐日盟軍總司令麥克阿瑟表示：「在對日和約簽定之前，台灣仍屬於盟軍總部管轄。」但這也只是強調當時盟軍總部對台灣有管轄權，主要目的是告知中華民國政府，尚未擁有台灣領域主權。

之前，一九四五年盟軍最高統帥麥克阿瑟，依美國總統杜魯門指示發布《一般命令第一號》，要求日軍向代表同盟國的軍事將領投降，並協助同盟國軍隊佔領日本及其控制地區，命令中同時授權蔣介石委員長在中國（東三省除外）、台灣和越南北部接受日軍投降。由此可知，中國的東三省除外、台灣和越南也並列，都證明軍事佔領與中國領域主權的歸屬不同。所以二戰結束當時，台灣仍屬於盟軍總部管轄，台灣的歸屬是「未定」。

一九四七年二二八事件發生後，同盟國都對於台灣地位未定發表聲明：台灣割讓給日本乃是依據中日馬關條約，國際法認定台灣是日本領土。波茨坦宣言雖有台灣返還中國之內容，但日本之接受該項宣言只是一種投降承諾，與戰後和平條約之締結顯然有別，在條約未締結以前，中華民國在台灣的管轄，事實上只是占領性質，國際法上之領域主權變更手續尚未完成，故在國際法上不能認為台灣已經是中國領土。例如，英國外交部：「日本先前所擁有或依據條約合併的領土台灣，必須等到最終的對日和平會議，締結條約之後，才能正式進行領土主權的移轉。」因此這時期，台灣的歸屬是暫時的地位未定。

海外台灣人知道之後，開始主張國際託管，台灣不應該歸還中國，使台灣地位未定論出現最大聲勢。但是這樣的主張卻無法在台灣內部出現，使台灣有機會脫離中國。

二〇二〇年一月二十日

「台灣地位未定」與建國理論的其他問題

許慶雄

由國際法觀點，所謂的「台灣地位未定」理論上仍有許多問題待釐清。例如，不少學者主張開羅宣言、舊金山和約只有提到日本放棄台灣，未指定歸還中國，所以「台灣不屬於中國」。

首先，開羅宣言是戰後各國首腦開會後的宣言，不是國家間的合意條約，所以並沒有任何法效力。這是簡單的國際法常識，根本不須要找證明或證據。可是卻有很多人花心血找證據，為了說明開羅宣言中的台灣歸還中國是沒有法效力。並因此推論「台灣地位未定」、「台灣不屬於中國」、「台灣主權屬於台灣人」。

事實是這些推論與開羅宣言是不是條約，有沒有任何法效力，可以說是完全無關的推論。開羅宣言中的台灣歸還中國沒有法效力，並不能否定之後發生的事實證據，而推論出台灣一直不會歸還中國。

其次，也提出一九五二年舊金山和約，日本聲明「放棄對於台灣、澎湖群島的一切權利、權利根據與要求」（"Japan renounces all right, title and claim to Formosa and the Pescadores"）（注意其中沒有主權一詞）。日本只是放棄對台灣的一切權利、權利根據與要求，並未指定台灣歸還中國。

所以又有「台灣地位未定」、「台灣不屬於中國」、「台灣主權屬於台灣人」的理論。「台灣地位未定」的法源依據，都是以一九五二年舊金山和約為基礎，但是這樣的依據，其實會產生主觀推論問題。

因為，國際社會都清楚明白，台灣地位是否未定、台灣是否不屬於中國，並不能只是依據舊金山和約中，日本聲明放棄，未指明台灣歸還中國，就可以使台灣地位未定，台灣不屬於中國。

前面已經說明，美國在一九五〇年六月二十五日，朝鮮戰爭發生後發表「台海中立」，其中提到台灣地位暫時尚未確定。那時舊金山和約並未簽訂，當時因為美國國務院怕中國共產黨政權影響台灣地位，為了保護台灣，為台灣人日後留下自決空間才提出的主張。

「台灣地位未定」為特定時空產物

但是，國際局勢安定，中華民國政府繼續統治台灣，台灣人也沒有自決獨立意願之後，美國政府或國務院就沒有再提出這種主張。因此，如果要說台灣地位未定，只能將時間點定在，自一九四五年八月十五日日本戰敗，至一九五二年舊金山和約確定日本放棄這段期間。其後則只有中國這個國家或代表中國的兩岸政府，主張台灣是其領域的一部分，其他國家並沒有爭論台灣地位的問題。台灣人也沒有自決獨立的意願與行動，台灣地位如何能說是未定。

最後必須說明，即使曾有未定主張，也不代表可以一直維持未定。美國國務院曾有未定的主張，但是我們不能因為當時的時空環境所發出的聲音，而且並不是國際社會的主流聲音，我們卻一直擴大解釋，甚至主張台灣地位可以一直維持未定。

基本上我們不能因為某一個時間點，有這樣的主張，即認定台灣地位將因此一直可以維持未定，現在還等著看哪個國家想要台灣，或等著台灣人是否想要建國。「未定」並不是指永遠未定，當時只是因為時空環境因素，造成暫時性的未定。

但是之後台灣地位很清楚是已確定，五十多年來除了中國，沒有其他國家主張台灣是其一部分，台灣人也自我確定是中華民國台灣。有關未定論主張，基本上這些專家學者所依據的國際法條約等，並無太大問題，只是忽略其暫時性、時間性。

附帶一提的是，從一九六六年文化大革命發生，至一九七一聯合國的中國代表權確定由北京政府取得期間，國際社會曾經有過分裂國家兩個中國或一台一中的主張。但是這些並非認為「台灣地位未定」、「台灣不屬於中國」，反而是以台灣屬於中國的中華民國政府為前提的主張。例如，美國、西班牙、法國等國家，都提出容許兩個中國，聯合國安理會常任理事國由北京政府取得，中華民國則成為聯合國一般會員國的方案。然而，蔣介石的中華民國政府，卻以堅持一個中國的態度，反對兩個中國或一台一中的主張。

因此六〇年代之後，聯合國、國際社會或其他國家，並沒有再爭論台灣地位未定或台灣屬不屬於中國的問題。其後中國新、舊政府，都主張台灣是中國領土，更無奈的是台灣人也接受中華民國體制統治台灣。甚至自由民主之後，中國國民黨政權、民進黨政權或歷任總統也繼續強調，自己是中華民國的總統，必須效忠中華民國憲法等等，在這種情況下再主張「台灣地位未定」、「台灣不屬於中國」等，很明白與現狀是矛盾的。

何況，台灣人民要建立新國家，根本不需要先證明「台灣地位未定」、「台灣不屬於中國」。

二〇二〇年二月二十日

台灣地位未定之後的發展與事實證據
——聯合國「中國代表權」影響台灣地位

許慶雄

我們之前探討有關「台灣地位未定論」的起源和由來，指出台灣地位未定的事實是，在對日本的和平條約成立之前，或經過聯合國討論之前，五〇、六〇年代暫時的台灣地位未定。暫時的未定之後的發展與事實證據是，對日本的舊金山和平條約成立之後，中華民國政府佔領台灣至今，「台灣屬於中華民國政府之下的中國」。美國與西方各國後來為何支持中華民國政府繼續占有台灣，這麼一來等於是承認中國擁有台灣的領域主權，為何如此的主要原因是：

「中國代表權」的掌控是主要原因。一九四五年十月二十四日通過的聯合國憲章第二十三條規定，安理會五大常任理事國是（法蘭西共和國、中華民國、蘇維埃社會主義共和國聯邦、大不列顛及北愛爾蘭聯合王國和美利堅合眾國），常任理事國擁有否決權，是聯合國的核心決策國家。中國代表權若是由北京政權取得，在當時會對西方各國形成很大的威脅。

中華民國政府繼續代表安理會常任理事國的中國，對西方各國掌控安理會非常有利。但是，蔣介石的中華民國政府當時只有統治台灣，西方各國如果主張「台灣地位未定」、「台灣不屬於中國」，等於直接否認蔣介石的中華民國政府代表中國出席聯合國的正當性，也無法擁有代表出席安理會常任理事國的合法性。

任何人想也知道，那有代表中國的政府，是設在地位未定，不屬於中國的台灣，而且是由台灣派出代表，出席聯合國安理會。同時，美、日、法等西方各國的駐中國大使館，竟然也是設在不屬於中國的台灣、台北，這也太荒謬了。

美國政府期待台灣的軍事力

其次，五〇年代美國政府改變對蔣介石的中華民國政府來台後的態度，也是影響「台灣地位未定論」與台灣的命運的原因。一九四八年開始蔣介石及國民黨高層，開始將資產、人員、家屬等撤退至台灣，主要部隊也撤往台灣，軍民合計約一百二十餘萬人。當時美國已無法對應，撤往台灣的國民黨政權，把台灣定位中國的台灣省。美國及各國也對這些自稱中華民國政府的撤往台灣軍民，無法採取任何驅離行動，或是排除中華民國政府遷台的既成事實。

當然，美國若是主張台灣人有殖民地人民自決原則，支持台灣人獨立建國，主張「台灣不能歸屬中國」，更是與當時沉默的台灣人與台灣社會的現實狀況不符合，如此必將危及台灣的穩定局勢。

一方面，美國軍方與盟軍最高統帥麥克阿瑟也都認為，中華民國政府在台灣的軍力，雖然無法反攻大陸，但是在軍事上牽制北京政權的東南沿海，具有實際效果。

因此，一九五〇年七月八日，美國第七艦隊司令亞瑟．史樞波到訪台灣，一九五〇年七月三十一日麥克阿瑟以盟軍最高統帥的身份訪台，都是與在台灣的中華民國政府，進行雙方軍事合作，加強軍事聯繫。蔣介石也強調，希望不久的將來，也就是和平條約簽訂，台灣地位確定屬於中國之後，他們訪台時不會再感覺是身處中國之外的領土。

美國不再否認「台灣歸屬中國」

一九五四年十二月三日簽訂的，中美共同防禦條約（Sino-American Mutual Defense Treaty），正式名稱是《中華民國與美利堅合眾國間共同防禦條約》（Mutual Defense Treaty between the United States of America and the Republic of China）是中華民國與美國在台灣簽訂的國際條約。

該條約公開承認中、美兩國對於，台灣、澎湖島及美國管理下的西太平洋諸島安全保障，是共同防禦的範圍。條約第二條及第五條所規定的適用範圍，也就是「領土」及「領域」，中華民國是指台灣及澎湖諸島，美國是指在其管轄下的西太平洋諸島。

中、美兩國的這些軍事合作與條約證據，都證明美國已經不再否認「台灣歸屬中國」的既成事實。由台灣派出的中華民國代表，出席聯合國大會與安理會，也只是在聯合國引起中國代表權的爭議，從來沒有在聯合國爭議台灣地位是否確定屬於中國，或是出現主張台灣地位未定的討論。六〇年代之後，聯合國、國際社會與各國，也從來沒有提起台灣是否屬於中國的質疑。

未定的論爭中台灣人民是有機會建國

五〇年代暫時的台灣地位未定期間，台灣人民是有機會在台灣地位未定的論爭中建立新國家。這跟殖民地獨立有關，戰後日本放棄其所屬殖民地，除了台灣之外還有韓國，或是第二次世界大戰以後，歐洲各國殖民的東南亞地區，都是當地的大多數人民，勇敢站起來宣佈獨立，才能完成獨立建國。例如印尼，以及其他亞洲、非洲許多殖民地，這些地方都在戰後依據聯合國殖民地人民自決原則，建立自己的國家。

如果當時的台灣人有足夠勇氣站起來主張建立新國家，應該有機會依據殖民地人民自決原則，建立台灣共和國，建立一個和中國無關的新國家。但是這個事實，在中華民國統治下的台灣並未發生。

雖然當時曾有廖文毅等少數人，因為在台灣的建國運動失敗而跑到海外，並開始在國際社會上高喊台灣地位未定，台灣人應該建立台灣國等主張。但是最後也是因為台灣內部，當時台灣人的大多數，完全沒有獨立建國的意願，沒人支持而告失敗。

另一方面，在台灣內部則有中國國民黨代表的中華民國政府在統治台灣，至今仍然沒有其他國家主張台灣是其所屬，台灣不屬於中國、台灣地位有爭議也就很難成立。民主化之後，中國國民黨至今也仍然主張，當初中華民國政府是合法統治台灣，民進黨政權也主張，繼續維持中華民國體制統治台灣。所以說現在還主張「台灣地位未定」、「台灣不屬於中國」，已經不合時宜。

解嚴後再一次放棄建國的良機

前面提過，主張「台灣地位未定」、「台灣不屬於中國」，主張獨立建國、宣布獨立的時機，一是舊金山和約前後，一是解嚴前後。

過去，我們或許還可以說，台灣人是因為受國民黨迫害，失去言論自由，無法主張獨立建國。可是台灣人現在言論自由了，選舉自由投票，政權也移轉到民進黨。結果現在還是維持，台灣屬於中國的中華民國憲法體制，主張代表中國的外交政策。再一次放棄主張獨立建國、宣布獨立的時機。

目前台灣民眾仍然不敢談論獨立建國的意願，逃避主張獨立建國、宣布獨立的問題。如果還迷失在「台灣地位未定」、「台灣不屬於中國」的主張，這樣有意義嗎？完全把現狀的中華民國體制認為與中國無關，主張「台灣不屬於中國」，這樣有道理嗎？

再一次提醒，隨著時代、國際環境的變化，「台灣地位未定」、「台灣不屬於中國」，這些說法已經無法理直氣壯。特別是現狀下台灣內部所維持的中國體制，更與這些說法完全背道而馳，「台灣地位未定」、「台灣不屬於中國」，實在與現狀矛盾，無法說服海內外。

台灣人民要獨立建國，不必主張地位未定，最重要的是必須表明建國意志宣布獨立。宣布獨立並不是指，有沒有正式發表獨立宣言或寫成文字，而是重視有沒有堅定、明確的向國際社會表達獨立建國意志。因此任何方式對外表達獨立行動，就稱之為宣佈獨立。

現行的中華民國憲法，台灣和中國就是同屬一個中國，分成兩個地區。台灣人民廢棄中華民國憲法，就是表達獨立意願，就是宣佈獨立。台灣人民廢棄漢賊不兩立的「一個中國」外交政策，就是表達獨立意願，就是宣佈獨立。台灣人民申請加入聯合國，就是表達獨立意願，就是宣佈獨立。

二〇二〇年二月十一日

莫把國人當白痴

敏洪奎

台灣過去三年失去聖多美等五個邦交國，再加上日前索羅門群島和吉里巴斯，蔡政府執政以來已有七國斷交，若從表面而觀確是重大外交挫敗。

然而今天泛統派也不能以此為由修理蔡政府，正猶一九七〇年代出現斷交潮，非洲新興國家紛紛絕交而去，當時黨外陣營無情譏諷國民黨政府也有欠公允。

台灣邦交國逐漸流失，是久已存在也不可逆轉的長遠趨勢，不是外交努力所能扭轉，以此怪罪任何藍綠政府都很冤枉。國人若肯冷靜理智思考，應能認清這一趨勢不唯無法扭轉，也是合理現象。

中華民國名號難維繫對外關係

要知今天自稱中華人民共和國的北京現政權，已是舉世承認中國唯一法理政府，即使台灣僅存的邦交國私下應也同意這一觀點。所以台灣多年來硬要以中華民國名號維繫國際關係，是無異於和對岸唱對台戲，一路敗退也事屬必然。試問若必須在十三億人口和兩千三百萬人口政權間二選一，多數國家會如何選擇？台灣邦交國是否最後必然歸零或接近零？

蔡政府所稱接連出現斷交是出於中國打壓，意圖影響二〇二〇大選，以及泛統派，指稱兩岸關係惡化導致中國出重手，所說應都屬事實，然而斷交危機的基本根源，是十三億和兩千三百萬之比。

國人也無須為遭到國際社會背棄而感到不甘，而必須認識到依據國際通例，任何國家任何政權能有效統治所屬國土，即被承認為代表該國唯一法理政府，而承認也並一定代表道德的肯定。

當年希特勒納粹政權，史大林的赤色帝國，都被承認是代表國家唯一法理政府，但各民主國家也並未替兩者道德資格背書。今天北京政權的情況亦然，皆是國際通例。你若空自叫喊根據中華民國憲法如何如何，國際人士恐會當你精神不甚正常。

不幸上述種種明顯事實，卻是今天朝野藍綠政客，乃至名嘴等眾所不願也不敢公開挑明，以致廣大日唯沉迷於滑手機，頭腦弱化國人，不免因斷交而產生國勢日蹙國將不國錯覺。

我日前在《民報》網站發表〈恐懼斷交症候群〉一文，曾指出歷屆藍綠政府都將維護邦交視為國之大事，保持住邦交是珍貴成就而斷交是重大挫折，但說穿了是威權時代面子心態遺緒而已。國人也殊不必為接連發生，以及未來必然繼續發生的斷交事件，無端感到心情沉重產生危機意識。本文即就此再做一申論。

國人應該冷靜思考，台灣不惜工本，和眾多袖珍型甚至微塵式島國維持邦交，究竟有何實質利益？各該國在聯大為台灣發聲，除去為國人提供些許心理撫慰，能否爭取到任何國家改變立場支持台灣入會？諾魯國土二十一平方公里，其國會通過拒斥一中及一國兩制決議，能否讓總書記感受絲毫壓力？

被蔡總統誇稱為換帖之交的史瓦帝尼，除去協助強撐顏面，對台灣有何互惠表現？不僅如此，若是坦白而言，該史瓦帝尼純然是一部落式酋長國。台灣縱然真能將關係發展到如兄如弟，恐也不見得如何光彩。蔡總統換帖之說，國人聽去或也不致過於興奮。

若談到國家尊嚴國家地位，能為台灣提升尊嚴地位因素，該是紮實的國防武備，國民的骨氣勇氣，年輕世代的斯巴達精神，不是擁有多少面積二十一平方公里友邦。

本文開端即提及，三年來失去七邦交國不能怪罪蔡政府。但令人跺腳的是因應斷交局面，執政當局的反應。

與中國爭邦交國　斷交無可避免

蔡政府為何不願或不敢坦白告訴國人，以台灣處境斷交是無可避免結果，而且今後也必然繼續發生，不能把政府或蔡本人推為待罪山羊，而縱使總書記高抬貴手，也只能延緩這一趨勢。

蔡政府能如此坦白說，稍有頭腦國人定能了解接受。為何捨此不由，反而滿嘴空洞官話，也反而真像是犯下斷送邦交大錯，有罪而只能塘塞矇混？蔡政府是否知道，人民厭惡的就是陳腔濫調官話，或該再加上粉飾太平謊言，直話直說才能贏得尊敬信賴？

本文所提泛統派不宜因斷交藉機修理蔡政府，相信居心公正國人都能同意。蔡政府應受譴責之處，是不該將出訪南太平洋和加勒比海無足輕重諸島國，都標榜為意義重大果敢外交出擊，訪問歸來又是成果豐碩，明顯是在突出吹捧特定一人，又像是大選造勢的暖身動作，也不知是否能哄到刻意追求的所謂年輕世代。

假定台灣棒協為自抬身價，派出國家代表隊出訪諾魯、帛琉等南太友邦，結果當然是橫掃各島國全勝而歸，然後發臉書誇稱出征成果豐碩，領隊教練也均是不世奇才。如此則你會不會認為棒協是在把國人當白痴？

二〇一九年十月二日

拭目以待去黃埔化

敏洪奎

自由時報二〇一九年十一月二十日報導，同是退役軍官一位黃澎孝出面表態，痛斥國民黨不分區立委參選人吳斯懷，「氣節何在」，要他「給黃埔留點面子」，言論頗能引發不少聯想。本文即就此作一檢視。

這位黃澎孝罵得有道理。但他受訪時力捧黃維和王耀武兩位黃埔將領，譽之為英雄典範，以和吳斯懷作一對照，卻不免令人歎息。蓋因這兩人軍旅生涯結局都不很光彩，黃先生出身政戰學校，也曾任職國軍心戰處，理應對國共戰史有較深了解，不致將兩人奉為英雄才是。

黃維是黃埔一期將領。一九四八年十一月他出任十二兵團司令奉命馳援受困國軍，但卻貿然進入共軍口袋戰線陷阱被圍，最後決定突圍時又遲疑不決，失去機會而全軍覆沒，他本人也脫逃被俘。

王耀武是黃埔三期也是所謂「天子門生」。同年秋他以山東省主席鎮守省會濟南，所構建城防設施盡是不切實際近於兒戲，一條長約四十公里環城長壕，反把自己困成甕中之鱉。結果是共軍未付出重大代價即攻陷濟南，他則是喬裝平民出亡途中被識破而成為俘虜。

黃埔將領戰敗落跑者衆

所以黃、王兩人似沒給黃埔爭到太多面子。黃澎孝舉出這兩位庸將彰顯黃埔精神，不是上佳選擇。不過這黃維和王耀武有一共同特色，兩人都是棄軍逃亡被俘，未和部隊袍澤共同面對最後命運，這或也可稱為黃埔傳統之一。因為在國共幾大戰役被俘黃埔將領，也多是落跑途中被截獲成擒。黃埔前輩這一表現和世界各國軍事傳統確是不同。

國人應猶記得，昔日太平洋戰爭期間，日本被美軍攻陷諸島嶼，自塞班而帛琉而硫磺島，守將均是非戰死即自殺與防地共殉，無一人企圖乘小舟木筏逃向鄰近島礁，表現出令人敬畏軍人魂。

口口聲聲以黃埔子弟自居，吳斯懷之流退將，試看人家「日本鬼子」表現，再想想前輩學長棄軍落跑而被殲獲的狼狽相，是否尚有臉展出黃埔這張招牌自我炫耀？

西方軍人雖沒有日本式「玉碎」傳統，但遇到戰局絕望，最後結局即將來臨時，英美等國高級將領均是堅守岡位，和部屬官兵共命運，不會棄軍逃命丟臉。二次大戰時美國的巴丹指揮官，英國的星馬戰區總司令，乃至斯大林格勒戰役的德軍統帥，均是顯著範例。無力再戰而舉旗投降是不得已，棄軍而逃則是軍人之恥。

西方將領不會棄軍逃命

高級將領，司令官一級將官棄軍逃命，是世界像樣國家所無，而僅是黃埔軍人獨具特色。然而其武德敗壞，尚不止於一端。下文所引評論，更是極沉痛指控：

黃埔軍人是「高級將領無識、無量……心多自私，精神衰退，勇氣喪失……紀律蕩然，廉恥道喪」，是「前方高級將領不學無術，疏忽輕敵」，是「若輩之思鄉腦筋，毫無反省澈悟之意也」。

上文所舉嚴厲指控，不是台獨份子醜化國軍，是黃埔蔣校長對他學生部屬所下，引自他已公佈日記評語。他若非痛心已到極點，又何致對子弟將領做出如此嚴厲惡評？具見由於權勢富貴逼人，軍人應具備的勇敢、正直、廉潔等美德，當年老一輩黃埔軍官團已喪失殆盡，所謂黃埔精神，餘下者也僅只有忠於一黨一人，列寧式加幫會式信條而已。

當年中國有東北講武堂、雲南講武堂和保定軍校等軍事學校，然而也只有後起的黃埔精神，是以效忠特定政黨教育學員。此乃因為孫文創設該校即定位為黨校，目的在為未來黨軍培育幹部，是最早的黨營事業。而既云黨校、自然向學員灌輸效忠一黨理念，將忠黨提升為和愛國同為最高價值。也深深植入唯有忠黨才是愛國歪曲認知。

很不幸的是，從中國本土時代到台灣時代，威權統治下，多年黨國不分，一代一代職業軍人，都在所謂黃埔精神，黃埔傳統掩護下，被洗腦灌輸身為黃埔傳人，即應效忠特定政黨反民主反動思想。如今台灣雖已進入民主時代有年，這股只忠於特定政黨思想，在軍中恐仍是陰魂未散。觀乎吳斯懷乃至軍階軍職猶高於他的部份退將言行表現，恐即應同意此非杞人之憂。

更令人的擔憂的是，今天軍方現役高級將領，是否仍有尚未現形的吳斯懷，只知秉持黃埔精神效忠特定政黨，而隱隱形成一國中之國？若然，則是否民主社會一大隱憂？

我日前在《民報》網站發表〈普魯士軍官團的魅影〉一文，指出在希特勒得勢前，德國所謂威瑪共和時代，控制軍方影響政局的普魯士軍官團具有兩大特色，一是敵視民主體制而渴望王朝復辟；一是對新興極權勢力欠缺警覺和免疫力。軍官團的這一心理狀態，影響到其不願全力保衛民主政府，最後俱成為戰後民主體制的阻力。

黃埔反民主思維陰魂未散

黃埔反民主思維陰魂未散，軍方隱然以黃埔子弟自居將領，是否也存有類似普魯士軍官團反動心態，對民主體制不存歸屬感，對極權體制又缺乏警覺和免疫力？

放大膽，放開手推動軍中去黃埔化，即所以瓦解台版普魯士軍官團，也即所以推動建立真正效忠國家，效忠人民的台灣國防軍。但不知蔡政府若真再有四年，又是否能有足夠見識、膽識完成這一使命？對此國人也只有拭目以待。

二〇一九年十二月十日

以以色列為師

敏洪奎

一九七八年十二月底，台美斷交前後，我適因出差滯留紐約，美方宣佈決定後數日，我在一家客戶辦公室接洽業務，對方也有幾位高級職員在座。談話間不免提到近日台北社會對變局的反應。

當下該公司一位主管即帶笑告訴我，台北美國領事館已幾被擠爆，大批申請民眾希望能趕在撤館前取得入境簽證，以致連日館外大排長龍，秩序相當混亂。

雖然當時那位主管未多加議論，隨後發言幾位職員，也僅止對上述館外盛況微表訝異，未有負面批評，但我仍感受到他們言談中隱含譏諷意味，顯現出對國人表現的看不起。

上述幾位公司職員都是猶太裔，如果他們確實對國人的表現，國家處境有變而只圖出亡逃命，從而產生對台灣人民的輕視鄙視，他們是很有權利抱持這一看法。以色列人若面臨同一變局，反應斷不是擠到美國領事館乞求簽證，所以猶太人是確有資格看不起台灣人。

一九七三年中東爆發所謂贖罪節戰爭，阿拉伯諸國趁以色列紀念宗教節日發動奇襲。以色列則因疏於防範，初戰陷於劣勢而處境危殆，但國人只有各守崗位堅毅迎戰，美國領事館外未見驚惶失色申請簽證人潮。人家是確有其國魂，雖不是斯巴達人也大有斯巴達遺風。

再就此推想，假定以色列也面臨以美斷交，國家陷於可能遭受外敵攻擊局面，人民的表現，恐也是「去此一步，即無死所」，誓死捍衛國土的堅毅英勇，不致出現一如台北美國使館前不雅現象。

自己的國家自己來保衛

以上所述台北現象，已是四十年前往事。如今威權統治早已逝去，人民應很有理由感覺國家確是自己的，而自己的國家歸根結柢是要由自己來保衛，而不能一味委外。但今天國人有此覺悟否，又有此意志否？對此恐不容過份樂觀。

本屆美國大選前後，國人種種反應所顯現，唯知期盼別人保護救援心態，看來即很令人洩氣。看在以色列人眼裡，恐也不會增加對台灣的敬意。

美國大選期間，由於川普陣營支持台灣態度較明朗，拜登團隊則未有相等堅強表示，以致國人普遍希望川普連任，以更加增強對台灣的承諾，甚至已達到全不避嫌明白表態程度，其勢大有一九四八年國民黨政府視美國共和黨總統候選人杜威為保命救星之慨。

及至川普敗選拜登勝出，國人流現的失望失落，也多少有似當年杜威落敗，國民黨的徬徨恐慌，真似大家普遍相信，被放棄被犧牲的威脅又增添了不少。

很可感慨一樁案例，是拜登就任後不久，曾派前參議員陶德率團訪台，國內媒體即大肆宣揚，強調其人是拜登「摯友」。言外之意是拜登派出摯友來訪，具見他也很重視台灣，不致輕易放棄，所以國人也應可放心。這一大內宣，似也很足以顯示國內人心仍很虛弱，否則又何須服此一劑定心丸？

其實拜登和陶德曾同任康州參議員，兩人是朋友大概沒錯。至於摯友之說，似從未有美國媒體做此報導。台灣出現這一說法，固是意在安撫人心，卻也不是很光彩現象。

國人應該認清美國是否放棄台灣，不是決定於哪一黨執政或誰人擔任總統，而是端是台灣是否能展現堅強生存意志，是否能不賴在地上，等待美國來保護來救，而成為負擔和累贅。

二〇二一年五月九日，《自由時報》曾發表一篇湯先鈍先生投書〈備戰才有和平〉，其中有一句「許多美國政學界似乎已感受到台灣社會消沉的鬥志」，是極堪重視的警語。

如果台灣人民自身都對前途漠不關心，抱持聽天由命心態，或是心存「船到橋頭自然直」僥倖念頭，則棄台論油然而生又何足為異？若連你都不關心自身死活，別人又何須替你操心？

台灣人，是否該考慮以以色列為師，建立起自己的國家自己保衛悲壯意志？

二〇二一年五月十四日

現代世界與天安門屠殺

曹長青

人類的「現代世界」從什麼時候算起？英國歷史學家保羅．約翰遜（Paul Johnson）認為從一九一九年五月二十九日那天開始，也就是說，到幾天前為止，整整一百年！在中國天安門屠殺三十週年之際，有必要回顧現代世界的百年教訓，重新審視應該怎樣面對中共這個越來越囂張的巨獸。

約翰遜在他那本巨著《現代時代》（Modern Times）中，所以把五月二十九日定為現代世界的開端，因為那一天科學家拍下的日食照片證實了愛因斯坦的相對論，從而結束了主宰人類兩百年的牛頓宇宙學。

相對論跟現代世界有什麼關係？約翰遜認為，本來這是科學領域的理論，提出時間、空間等概念是相對的，但知識分子卻把這個理論迅速引入到社會學、政治學，文學藝術等領域，強調什麼都是相對的，甚至道德、善惡標準等也變成相對的，於是沒有了絕對標準，從而出現今天被稱為「左瘋」的那些西方烏托邦幻想，更有共產主義邪惡的興起。結果二十世紀成為人類有史以來最災難的世紀，造成的大眾死亡超過之前十九個世紀的總和！

歷史沒有不可避免的事情

約翰遜認為，三個人是罪魁禍首：愛因斯坦（相對論被濫用）；佛洛伊德（什麼都是潛意識和「性」解釋，顛覆了正常良知）；馬克思（他創造的共產主義邪惡理論被實踐）。當然，三者中最大禍害是共產主義，它造成一億人死亡。現代世界的百年重要教訓是：在共產主義興起時，人們對它缺乏清楚認知，甚至錯誤判斷，沒有把它消滅在萌芽狀態。約翰遜說，他的《現代時代》這本書的中心主題之一是：「歷史沒有不可避免的事情」。

共產主義可以避免嗎？當然可以！如果西方及時干預的話，列寧領導的「十月革命」其實並沒有成功的可能：一直到蘇維埃政權建立十四個月之後的一九一八年底，在俄羅斯的領土上，還有十八萬外國軍隊（英國、法國、德國、美國、義大利、捷克……等），當時是作為打敗沙皇俄國的協約國部隊進入俄羅斯。另外，還有反對布爾什維克的三十萬俄國白軍。按約翰遜的說法，他們「可以輕而易舉地把列寧趕下台」。但是當時「多數西方人認為布爾什維克是不擴張主義者，打算建立一個軟弱的、具有國際主義胸懷的俄國。」而反布爾什維克的俄國白軍卻被認為是沙皇的餘孽，是反動勢力。

當時幾乎沒有西方政治家清晰地認識到，一種非常邪惡的紅色勢力在崛起，一個非常可怕的共產國家模式在出現。只有一個人例外，就是後來做了英國首相的邱吉爾（當時他是軍需部長）。

共產黨是「大猩猩」和「傷寒菌苗」

邱吉爾早就看出列寧的紅色政權對世界的威脅。他用了兩個詞形容布爾什維克：（一）大猩猩；（二）傷寒菌苗。也就是共產主義者不是人類，他們是野蠻的動物；而且像傷寒菌苗，被傳染到就會暴病、死亡。

邱吉爾了解到，布爾什維克政權是用暴力建立、用恐怖手段維繫的。列寧早就說過：「就原則而言，我們從未放棄恐怖，而且也不可能放棄恐怖。」當年俄國沙皇的祕密警察和警備隊，最多時是一萬五千人，而列寧的契卡（行刑隊和克格勃）三年之內就擁有廿五萬正式人員。僅僅一九一八年下半年（蘇維埃建立八個月之後）契卡就處決六千人；一九一九年處決一萬人；一九二〇年處決了五萬人。列寧的報紙說，我們要讓敵人血流成河。事實也是如此。任何人隨時都可能被契卡認定是敵人，然後就被槍決。

列寧最崇拜的不是馬克思，而是法國大革命的羅伯斯比爾們。馬克思預言共產主義首先在富有國家發生，說資本主義拉大貧富差距，窮人會因不滿而起來革命。但列寧卻選擇在非常貧窮的俄國發動了革命。就像法國的馬拉、丹東們，引領窮苦農民和暴民進城造反，把國王路易十六和皇后送上斷頭台。列寧曾說，他的俄國革命是法國大革命的延續。蘇維埃要繼續的是斷頭台那種以恐怖、以人民名義濫殺無辜而維持的暴力統治！後來毛的革命，柬埔寨的波爾布特，北韓的金家王朝等，都是這樣幹的。

邱吉爾雖然認識到共產主義崛起的恐怖和危害，但他當時也沒有拿出解決俄國問題（幹掉列寧們）的方案。因他勢單力薄，西方政治家們不聽他的，對紅色蘇維埃是怎麼回事不清楚，甚至有幻想。更不要說，當時西方就有同情法國大革命的那種左派們，他們對打土豪、分田地的均貧富、平等都很著迷。即使到今天，在美國要選總統的左派民主黨的桑德斯，還公開主張社會主義，他當年的婚禮蜜月特意去了共產蘇聯；另一個民主黨總統參選人、紐約市長白思豪的蜜月是在共產古巴度過的。在兩天前的美國民主黨總統參選人（二十多名）的加州造勢大會上，當有人說「社會主義不適合美國時」，竟被全場六千名民主黨支持者的噓聲淹沒。

約翰遜所說的「歷史沒有不可避免的事情」是指，本來列寧的共產政權可以在一開始就被滅掉的，但由於人們的無知，尤其是西方政治家們的誤判，而導致俄國革命得以倖存發展。尤其不可原諒的是，人類已有過法國大革命那種以「斷頭台」為標誌的殘忍和恐怖，還不能看清列寧們的「法國大革命升級版」的本質，實在是「現代世界」百年歷史的最慘痛教訓和悲哀之一。

假英雄、假將軍、假基督徒張學良害死中國

中國知識分子常說，俄國十月革命一聲炮響，給中國送來馬列主義。俄國的「傷寒菌苗」傳過來，中國立即出現毛澤東等「大猩猩」。一九一七年列寧革命之後四年，中國共產黨成立。本來也可以在萌芽狀態把它剷除，但孫中山的聯蘇、容共、扶助農工的三大左傾政策給了共產黨壯大機會。後來的研究證實，孫中山在理念上就是一個共產黨。所以他至今仍受中共推崇，毛澤東讚美孫中山是「革命先行者」。孫死後，蔣介石採取了一個重大歷史「糾正」動作，即被稱為「四一二政變」的大規模清黨，把共黨勢力趕出國民黨；由此延緩了中共的發展與坐大。

如果說一九二七年的「四一二」是蔣介石對共產黨認識最清楚、動作最利落果敢的一次剷除，那麼九年後的西安事變，則是蔣介石對共產黨採取的最妥協、最鄉愿的一次歷史敗筆。這個敗筆把中國葬送進共產地獄。

當時國民黨軍隊等有三十萬，中共紅軍只有三萬，完全可以把共軍滅掉，但西安事變被所謂和平解決，蔣被釋放後，他不僅沒有繼續剿共匪，反而把毛的紅軍納入國民政府編制，給予軍餉（出現所謂八路軍、新四軍的建制）。蔣根本沒有明白，張學良們決定放他，不是出於仁慈，而是莫斯科的壓力：斯大林認識到，如果蔣介石被幹掉，中國群龍無首，日本軍

隊會更快打到俄國，影響蘇聯的利益。所以斯大林嚴令毛澤東、周恩來們必須釋放蔣介石，就是想利用蔣的領導能力盡量對抗日軍、消耗日本國力，以避免日軍打到蘇聯、與希特勒的攻俄德軍會合——那是斯大林的噩夢。

西安事變是中國歷史的轉折點，張學良救了紅軍，讓危在旦夕的中共得以存活、壯大，所以周恩來們一直把張稱為「千古功臣」。這次歷史轉折主因是張學良投共，後來中國披露出的資料證實，張早已是共產黨員。一九九一年五月，張學良被軟禁五十多年後首次被解禁出國，到了紐約，當時我與劉賓雁等多位東北老鄉去見張，談了近三個小時，那次他還歌頌周恩來，甚至為剛發生兩年的中共六四屠殺辯護。他死後，我寫了上萬字的《張學良糊塗死了——假英雄，假將軍，假基督徒》，蓋棺論定這個幫助中共、毀了中國的助紂為虐者。

按照約翰遜的「歷史沒有不可避免的事情」的概論，中共坐大不是歷史必然。如果蔣介石不用張學良剿匪，如果西安事變後全力滅共，毛澤東們就會被消滅。如果說共產黨崛起是歷史必然，那麼在台灣，共產黨怎麼就沒有得逞？在華人佔70％的新加坡更是完全沒有機會。更不要說在美國，在英國，在法國，在西方世界，共產黨根本沒有掌權、獨裁統治的可能。

西方的「中國通」很多是「中國不通」

到了國共內戰時，共產黨已有了一百萬軍隊。還有一個因素，導致中共得勢，就是美國等西方再次展示了像面對列寧的蘇維埃崛起時那種天真和幻想。當時美國國務院中很多親共派，尤其學界，漢學家鼻祖的費正清把毛澤東視為中國的希望，把國民黨仇視為守舊勢力。當時美國的中國問題專家很多是費正清的弟子，不少在國務院任職。所以，在國共內戰時，美國的政治家沒有充分認清毛澤東們的大猩猩本性，沒有全力支持蔣介石的國民政府。直到一九八九年中共的天安門大屠殺，費正清才哀嘆，他對中國問題看不明白了。其實他們這些所謂的「中國通」，很多都是「中國不通」。

費正清去世前終於明白了。這位被視為美國「中國問題專家中的專家」的哈佛教授的最後一本著作取名《中國新史》（China: A New History），這個「新」字，意味他過去寫的是舊想法、糊塗史。他在「新史」中承認，如果沒有日本侵略和毛澤東的革命——「在鄉間奠定了新的獨裁勢力」，當時的中國在蔣介石的「南京政府領導下，本來可以逐步引導中國走向現代化」。

費正清的所謂現代化的標準，對當今中國共產黨政權來說，實在太低了。因為中國過去三十多年經濟對外開放，國力迅速提升，目前已是全球第二大經濟體。誰導致中國開始富有？共產黨自誇是他們的鬆綁政策。但只從基本邏輯上就證明過去捆綁是不對的、是錯誤的；如果從來不綁，中國人早就發財致富了。英國前首相柴契爾夫人（Margaret Thatcher）說過，華人天生有做生意的細胞。

美國「麥當勞必勝」理論的失敗

再一個原因，就是得到西方的幫助，尤其是美國。中國過去三十年與美國的雙邊貿易，從來都是順差，去年高達三千七百五十億美元，相當台灣三十五年軍費開支。中國一年從美國獲得的貿易利潤，就相當中國年度軍費開支（全球第二高）的一點五倍以上！在美國福克斯電視的「社會主義 vs. 資本主義」的節目上，經濟台主播說，是美國養肥了中國。

為什麼美國容忍跟中國的不公平貿易？還是想法問題，認知問題。就如同當年邱吉爾的同事們對列寧的新經濟政策有幻想一樣。在中國開始崛起的八十年代，美國學界流行「麥當勞必勝」理論，認為「中國人吃的東西（漢堡包）跟我們越來越像，他們就會越來越像我們。」《紐約時報》的左派專欄作家紀思道（Nicholas Kristof）對這種「模式」有個形象說法：更多的中國人開始喝美國「星巴克咖啡」了，當人們的咖啡選擇多於領袖選擇，政治變革則不可避免。

美國的商界、學界，包括政界領導人等，多數都傾向這種模式，期待中國自然和平演變。從八十年代的柯林頓總統（執政八年），到布希父子（執政十二年），再到川普前任的歐巴馬八年，長達廿八年的美國對中國政策基本都在這個軌道，即「星巴克、麥當勞」的美式咖啡漢堡思維，或者說一廂情願。這也是美國當年不附帶人權條件就支持中國加入世貿組織的原因之一。（附帶說一句，當年我主張應該附帶人權條件，跟不少中國民運人士打了筆仗、辯論。）

但天安門屠殺三十年了，中國喝星巴克咖啡的人劇增，幾乎所有中國人都喜歡西方的名牌產品，但卻再也沒產生八九民運那樣的大規模抗議，因為中共有了經濟實力，更嚴酷鎮壓，更加專制，甚至要用他們的經濟實力向全球擴張（一帶一路等）。中國很多文化人也更因國力提升而增加國家主義、義和團心態，認同共產黨的強國意識形態。看看中國電視主播劉欣最近在美國節目上的表現就能明白：她說一口流利的英文，裝束得體，台風也不錯，但一開口就展示，她腦袋裡裝的是地道的中共軟件。

川普當選不亞於二戰諾曼底登陸

美國二〇一六年的總統大選，川普當選，不僅對重建偉大美國，甚至對改變中國（對抗／制約中共勢力）都是一個劃時代的歷史轉折點。它的重大意義，不亞於當年美國宣布參加二戰抵抗納粹等軸心國，不亞於再有幾天就是七十五週年的諾曼底登陸。川普不僅兌現所有諾言，還重建偉大美國和世界秩序；他決定與中共政權打貿易戰，不僅是經濟，更是全面遏阻共產大猩猩、中斷美國前總統們養虎為患的愚蠢政策。

中共老虎已被養肥，但還是紙老虎，沒有真正能與西方對抗的實力：按經濟比例，全球80％的經濟力量在自由國家手裡。美國人口佔全球4％，但美國GDP（去年超過二十萬億美元）佔全球24％以上；全球近90％的軍事力量在自由國家手裡。美國去年軍費佔全球36％，是排在其後的全球七大國（中英德法日印和沙特等）總和，是中國的三倍以上。川普總統要打造更強大美軍，美國核動力航母群已有十一個，全球最多，川普還要再造兩個最現代化的（已開工）。據瑞典國際和平研究所，去年全球軍費開支是一點八兆美元，川普總統決定投資一點五兆美元全面更新美軍，包括建太空軍。川普總統決心用實力來實現和平。

與此同時，中共也在迅速擴張軍力。但邪惡並不可怕，可怕的是對邪惡沒有認知、無視邪惡的存在、沒有勇氣對抗和擊敗邪惡。川普總統的當選，美國軍事、經濟的重建與強大，尤其是對抗二十世紀道德相對論的保守主義價值的回歸，都預示，川普是一位清楚認知共產大猩猩本性的當代邱吉爾，是敢於承擔道義責任打贏冷戰的男版柴契爾，是放大版的更勇敢的雷根！

當今中國倒退到不如百年前

六四屠殺三十年過去，美國資本養肥了中國的硬體——高樓大廈、世界名牌、一流的網絡科技、電腦、手機等等。但其軟體——人的頭腦、思維、道德、責任、反抗專制意識等等，倒退到不如三十年前的地步。

九十三年前的一九二六年，段祺瑞政府殺害了兩個學生，魯迅先生寫了《紀念劉和珍君》，憤怒到認為，簡直不是活在人間。但起碼，事後段祺瑞跪在劉和珍遺體前道歉。而當今中共政權，殺了千百個無辜學生市民，不僅沒有一個字道歉贖罪，反而抹殺血寫的歷史，既不承認、更完全不允許悼念。政府倒退到不如百年前！何等悲哀的中國！

三十年前二十幾歲的學生們在為爭取自己的自由跟中共抗爭，三十年後的今天，一個年輕的留加拿大女學生要做香港人，認為自己不屬於中國，就遭到中國學生圍攻、霸凌到甚至有人叫囂：「任何人反對我的最偉大的中國，不管在哪裡，都必須被處決（must be executed）！」中共已經往中國人的血液裡注射進多麼毒性的思維。

中共不只在國內鎮壓、毒化中國人，而且對外擴張侵害世界。大量事實已證明，中國不僅海量盜竊西方先進科技，更用盜竊來的技術、不平等貿易所獲暴利，全方位地在政治、經濟、軍事、科技，甚至在言論自由領域，大舉進攻以美國為主的西方國家，更別說港台等地。在六四屠殺三十週年前，推特封掉了數千個反共人士帳號，可見中共這只美國餵養起來的大猩猩已經開始肆虐世界！自由世界再任其下去，中共完全可以成為比納粹更可怕的野獸。

我們有敵人！中共是超過想像的邪惡

值得慶幸的是，在如此關鍵的歷史時刻，美國出現了一個川普總統；他和他的內閣，終於認清了中共這個大猩猩的本質，明白了中共要顛覆整個自由世界的野心。在獨裁中國的經濟和軍事實力尚完全無法跟美國相比的今天，扳回這個局面，摧毀那個邪惡政權仍不僅有可能，而且是必然。

自由必勝是歷史潮流，之前的世界災難都是由於善良人的認知不清。一旦認清邪惡的性質，人的本性一定是要為自由而戰，中國不會例外。

今天的戰爭首先是信息戰。做為自由人的我們，最重要責任是要改變劉欣們頭腦裡的共產軟件。這是一場每個人都可以參與的戰爭，我們不是能贏，而是我們必須贏！否則世界將無寸土自由。

三十年後反省八九民運，通過《現代時代》所展示和分析的世界歷史，可以清楚得出這樣的結論：那場運動的失敗不是必然的！如果從一開始就對中共本質有清晰的認知，從一開始就不是要改革中共，而是要推翻它，以當時全國民眾的聲勢、陣勢，推翻共產黨完全有可能！

中國人不是因為站起來被他們殺了，而是因為在大會堂們前跪下去，才被殺了。因為中共清楚了你自己認知的身份——它的臣民、它的奴隸。

在中國六四大屠殺三十週年之際，我們必須清醒地認知，我們不僅有敵人，而且面臨一個邪惡程度遠超出所有人想像的敵人。認知的正確與否，是成敗與否的全部前提！這就是《現代時代》描述的百年歷史給我們的最重要警示！

二〇一九年六月三日於美國

蔡英文的謊言讓她人格破產

曹長青

洛杉磯《美天電視》最近採訪了紐約州最高法院律師懲戒委員會前委員（也是唯一亞裔委員）楊艾倫，就蔡英文的律師資格被停權七年一事進行了分析。據這位專業委員的介紹（https://youtu.be/7tCRm5rv0rM）：

紐約州對律師懲罰有四個等級：第一，寫信警告；第二，叫來當面訓戒；第三，停權（suspended）；第四，吊銷執照。蔡英文的律師執照被停權，是懲罰的第三等級，而且是二至七年停權的最高年限的懲罰。

這個律師資格懲罰的背後，至少有四點令人質疑：

第一，對於律師執照被停權，蔡英文總統府發言人解釋說，這是因為沒有繳費。這個說法令人質疑：（一）為什麼不繳費？一般執照 Renew（續照）費用不會高，對蔡英文來說根本是小錢。（二）蔡家是台灣大富之一，蔡英文父親去世後，墓地佔地一千七百一十二平方米，超過台灣規定兩百多倍！執照費對蔡英文來說，連個銅板都不到，她怎麼可能拿不出來？所以，根本不是繳費的問題。

律師停權七年頗不尋常

第二，如真的因為沒繳費，紐約州最高法院律師懲戒委員會也不會給予最高年限的懲罰。律師停權年限是二至七年，只因沒繳費（可能當事人疏忽，或郵寄失誤，或其它原因），就給予最高年限的七年懲罰，沒有這種邏輯。所以，很可能是其它原因，例如律師觸犯了法律，而且是嚴重違法，才會給予最高年限的七年停權。

第三，維基百科上登載：蔡英文「一九八〇年從康乃爾法學院畢業，獲得法學碩士學位。隨後在美國多待一年，考上該國律師。」這個說法明顯不真實。因為從紐約州律師懲戒委員會上的記錄可看到，蔡英文是一九八七年才取得紐約州律師資格。根本不是一九八一年。蔡英文的維基百科資訊，尤其是個人履歷等，應是來自蔡英文本人的簡歷資料。為什麼在這個問題上說謊？為什麼在簡歷上把自己取得律師資格的時間提前了六年？

第四，蔡英文申請紐約州律師執照時，學歷寫的是畢業於「康乃爾大學法學院」，而沒有寫她是「倫敦政經學院法學博士」。一般申請職務，都會寫上自己最高學位，那時蔡英文說她已獲得倫敦政經學院（LSE）法學博士，為什麼不填這個最高學歷，而只寫康乃爾碩士呢？如果從LSE獲得的是文學博士、醫學博士，你可以說，這個領域與美國律師專業相距很大，所以還是用康乃爾的法學碩士比較好。但蔡英文說她一九八四年就從倫敦政經學院拿到了「法學博士」（該院法律系畢業），這個法學博士，不是更有利於蔡英文在美國獲得專業對口的律師資格嗎？

既然她一九八四年就獲得LSE法學博士，為什麼三年之後的一九八七年申請律師執照時，壓根不提這個法學博士呢？

合理的懷疑：蔡英文壓根就沒有獲得倫敦政經學院的法學博士，所以不敢填寫（造假），怕美國方面一旦與LSE方面聯絡查核，她的律師申請不僅泡湯，而且還會有欺詐記錄。

這一切都令人嚴重質疑，蔡英文在申請美國律師執照時，不填寫自己最高學歷的LSE法學博士（只提康乃爾），是完全不合常理的，這更讓人相信，蔡英文根本就沒有LSE法學博士！

蔡家深厚的黨國關係

法治的美國是非常嚴格的；而在台灣就可蒙混過關，尤其兩蔣掌權的黨國時代，只要與國民黨關係密切，什麼都可通融、解決。而蔡英文的父親蔡潔生不僅是富豪，而且與國民黨關係密切。這從一點就可看出：蔡英文的姐姐蔡英玲能夠擔任國民黨婦聯會的副祕書長，就可說明蔡家與蔣家的關係。

婦聯會是台灣除了國民黨之外最有錢的組織，目前已查到資產就有一千億台幣，這還只是台灣島內的，海外的查不清有多少。婦聯會兩任會長，第一任是蔣介石的夫人宋美齡，婦聯會理事們幾乎都是部長、將軍、院長等大官的太太，被稱為貴婦人俱樂部。

第二任婦聯會長是辜振甫的太太辜嚴倬雲。而辜嚴倬雲是蔡英文的乾媽。可見蔡家與國民黨權勢者的密切關係。這也就是為什麼蔡英文執政三年大半了，婦聯會的黨產一分錢也拿不回來，因為乾女兒不想真查乾媽的帳。乾媽也仗著跟蔡英文的母女關係（乾的），把全部婦聯會帳目用剪紙機攪碎、毀掉了，哪也查不到了（這本是應該送進監獄的罪行！）。「母女倆」可謂配合默契。

這中間誰來執行的？是當時的內政部長葉俊榮，他是蔡英文的嫡系，對蔡的指示言聽計從。葉俊榮把婦聯會的帳目等「放水」之後，就被蔡英文安排到教育部當部長，幫助蔡英文實現第二個目標：把作弊明顯、證據確鑿的管中閔扶上「台大校長」寶座。然後葉俊榮就「光榮退休」，因為完成了蔡總統的任務。

升等資料居然被列為「國家機密」

不僅上述這些背景，只是蔡英文的教授升等資料現在居然被列為「國家機密」，要到二〇四九年才能解凍，僅此一件事就足以證明，這背後有巨大的欺騙。

另外，據媒體報導，蔡英文當年回到台灣，進入被稱為國民黨黨校的「政治大學」任教，是曾給蔣經國總統做過祕書的馮滬祥幫助安排的。一九八九年底我參加海外中國異議人士團體第一次訪問台灣，當時國家安全委員會（國安會）祕書長蔣緯國將軍曾跟我們見面、並有很長時間的談話，馮滬祥就在他身邊，一副助理的樣子。眾所周知，國安會是掌管整個台灣軍警特情報的最高機構，蔣緯國又是當朝最高權力者蔣經國總統的弟弟，權勢大無邊！而馮滬祥與蔣經國、蔣緯國都關係密切，他來運作蔡英文任教，哪有不成的！這也就是為什麼，蔡英文的教授升等資料被列為「國家機密」要二〇四九年才解凍，因為非常可能那個升等資料中有蔡英文不是博士學位的「證據」，甚至可能有馮滬祥等國民黨保駕的證據。只要蔡英文不下令揭祕她的學術升等材料，任何人都有權利懷疑、並且相信她背後有醜陋的黑暗！

蔡英文能夠進入政界，據李登輝總統身邊非常親近並了解情況的人說（去年在台北一個餐會上，不僅我本人，當時一桌人都聽到），是當年蔡潔生帶著女兒蔡英文去拜會了李總統。蔡潔生為什麼能直接見到國民黨主席李登輝，因為他是金主之一。他把自己的么女引薦給李登輝，於是李總統安排蔡英文當國安會的諮詢委員。

兩國論為日本學者原創

另外關於外界流傳的所謂蔡英文主持起草了兩國論，上述這位知情人在餐桌上說，根本不是那麼回事，兩國論最早是一個日本學者提出來的，李登輝在被他本人安插為國安會諮詢委員的蔡英文送上來的綜述資料上，在這個日本學者的兩國論觀點下面畫了紅線，認為這個提法不錯，後來形成了李登輝的「兩國論」（台海兩岸是特殊的國與國關係）。整個過程與蔡英文根本沒有主要關係。不知是什麼人的運作，把這點加到了蔡英文頭上，於是蔡英文就有了她一生中的唯一「偉大成就」。

越來越多的蔡英文的經歷、學歷等資料，尤其是從蔡英文家族與國民黨的關係就可以清楚看出，當年蔡從倫敦政經學院回台後，只要她說是「博士」，就會一路綠燈，從副教授到教授，不斷升等，因為有與國民黨關係密切的她的富豪爸爸「鳴錢開道」，有國民黨一路保駕護航。而她沒有任何行政管理業績和學術成就，能這麼一路高升，全部都跟這個最初的所謂倫敦大學「博士」有最直接關係。

現在很多人在喊，我們不在乎蔡英文有沒有博士學位。這裡有兩個要點大家必須清楚：第一，與所有其他人都不同，蔡英文的一切履歷都跟這個「博士學位」有密不可分的關係。第二，大家無論如何到追究到底的，是蔡英文的誠信問題！她這個「博士」的有無，不僅代表她的誠信是否破產，更整個代表她的人格是否破產！

二〇一九年十月二十二日於美國

彭明敏和李登輝的不同選擇和啟示

曹長青

明天（八月十五日）是彭明敏先生九十八歲生日，在此祝彭先生「生日快樂」！

能過九十八歲生日，太難得了，本身就值得慶賀；更何況在彭先生漫長的一生中，不僅對台灣民主化進程做出了重大貢獻，尤其是他始終保持著一個知識份子的良知和尊嚴，這種難能可貴是鮮少有人能望其項背的。最近東京奧運，台灣代表隊被迫用不倫不類的 Chinese Taipei 國名，引起人們討論，怎樣改變這種不合理現狀？同時也有人探討，對台灣民主化和國家正常化，哪個人貢獻最大？有人提到李登輝，也有人提彭明敏。他們兩位分別是體制內和體制外改革的典型人物。在台灣成功完成民主轉型的過程中，能有這麼兩位極具代表性的人物產生，是台灣的驕傲，更值得對岸中國人學習和借鑒。

一、拒絕加入國民黨的道德勇氣

李登輝擔任總統期間解除戒嚴、黑名單，尤其是推動了總統直選，對台灣民主化做出了重要貢獻，功不可沒。李登輝能起到這個作用，關鍵一步是他獲得蔣經國器重，當上副總統；蔣去世，他順理成章繼位總統。他獲得權力後迅速推動改革，為台灣民主化提供契機。李登輝能有此政績，和最初得到蔣經國一路提拔、最後當上「副總統」有密不可分的關係。

而彭明敏，如果壓根沒有李登輝那種在黨國體制內飛黃騰達的可能，那麼他的體制外反抗，就更順理成章，其主觀意義上的難度也就相對小很多。事實上，從加入國民黨、走仕途之路的角度來說，最初彭明敏的條件要比李登輝好很多。他和李登輝在台大讀書期間就是每星期見面吃飯的密友。他在法國獲國際法博士學位後回到台灣，成為台大最年輕的教授和政治系主任，被任命為中華民國「十大傑出青年」、並成為中華民國駐聯合國代表團顧問。這些都是「政治起飛」的火箭底座。一九六九年李登輝還在因曾加入共產黨而被警總從家裡帶走、約談，而早在一九六〇年，彭明敏就被胡適手把手引薦給蔣介石，後還被蔣單獨「召見」。

如果彭明敏像李登輝那樣順從地投入國民黨懷抱，定會迅速高升。老蔣召見後，國民黨高層就找他談話，暗示如入黨，會獲得非常高階層的任命。但彭明敏竟然拒絕了。後來他又拒絕了蔣經國接見的機會。這和李登輝在蔣經國面前畢恭畢敬、拿小本記錄（有數十本，後集結成書）天壤之別。如果彭明敏當年像李登輝那麼順從，那後來的副總統、台灣的總統都可能是他。當然歷史不能倒轉，但對歷史的研究可以倒想。

在黨國時代，被蔣介石召見、蔣經國器重，是很多人夢寐以求的。在我有限的閱讀中，看到有三個人被蔣介石召見，表現不卑不亢，隨後都沒有升遷：一是殷海光。他見蔣後竟寫道，很後悔去，並批蔣對歷史不懂裝懂，裝腔作勢。二是陳遲（陳布雷兒子、前民進黨祕書長陳師孟的父親）。蔣對「文膽」陳布雷心存感激，所以特別召見他兒子，問生活有無困難。可能得到父親清廉、正直的言傳身教，陳遲回答「沒有」就談話結束；在美國獲得碩士的陳遲一直在台南糖廠做技師。三是彭明敏。他被蔣介石召見後拒絕加入國民黨，當然蔣不悅。研究者說，被蔣召見的人，事先都準備「功課」，溜鬚拍馬、投蔣所好。但殷海光、彭明敏等保持了知識分子的尊嚴，沒有對最高權力者卑躬屈膝，了不起的氣節！

當年殷海光就和彭明敏關係密切，兩人多次見面探討國事，可能在人格氣質上「心有靈犀一點通」（詳見我在《民報》的另篇文章〈殷海光超過魯迅和胡適之處——紀念殷先生去世五十週年（上）、（下）〉）。

李登輝當上民選總統後，曾邀彭明敏做總統府資政，他也是拒絕。直到綠營執政，他才答應陳水扁總統的邀請。李登輝當總統後要見他，要他到指定地點，然後派車去接，但車子要帶黑簾，以防被人看到。但對這種祕密見面，彭明敏拒絕了。他要光明正大，不做偷偷摸摸的事。

彭明敏之舉不是清高孤傲，而是為捍衛尊嚴。對普通民眾，他就會有細心關照之心。僅我知道的一個小例子：張志群曾是新四軍，中共一九四九年前派到台灣的臥底，醒悟後變成堅定支持綠營的台派。張先生非常敬仰彭先生，曾在彭明敏競選總統時的總部做過義工；他病重時，當時已經九十歲的彭先生親自到他家探望。我去過張先生的台北寓所，下了捷運要左拐右轉進巷子，電梯很狹小，三個人進去就轉不開身。以彭先生的高齡和身份地位，竟跑那麼遠的路，去一個志工家裡探望，那種溫馨令人感動。

二、實踐自己理念的勇者

彭明敏先生的驚人之舉，是一九六四年與兩名學生發表《台灣人民自救宣言》，痛批國民黨，呼籲台灣「制定新憲法、建立新國家、加入聯合國」。這十五個字方針奠定了台灣的未來和方向。彭明敏表面文雅書生，但卻是敢把自由主義理念付諸行動的勇者。有時「行動」本身比理論更有力量，風險當然也更大。

在中國時我覺得起草《獨立宣言》的傑弗遜、撰寫美國憲法的麥迪遜對美國建國作用最大。到美國後，尤其是讀了兩次獲普利茲獎的歷史學作家麥卡洛（David McCullough）的專著《一七七六》，更傾向認同：對美國的獨立建國，華盛頓的作用超過傑弗遜和麥迪遜；華盛頓在危難之際獨撐大局、率軍對抗英國殖民者，敢於採取「行動」。

當時聯署《獨立宣言》的美國先賢們都做好了犧牲準備，因一旦獨立失敗，他們都得被送上絞刑架。在發表《台灣人民自救宣言》前，彭明敏當然也清楚後果，兩名參與的學生還沒畢業，而彭明敏已是知名學者，國民黨準備重用的人才（被任命為十大傑出青年和駐聯合國代表團顧問就是鋪墊），如果反國民黨，就會失去一切。在如此背景下，發表那種自救宣言的後果，是沒有到那麼高位的人難以設想的。結果就是，彭明敏的傑出青年、教授、系主任等都付之流水，而且成為階下囚，被判刑八年。朋友親人都疏遠。當年殷海光被國民黨迫害時，他的朋友在大街上見到都迴避，更別說去看望支持。彭明敏也處於這種境地。

在國際輿論壓力下，最後彭明敏出獄，居家監視，特務二十四小時守候，到哪裡都被跟蹤記錄。他要忍受心靈的孤獨，生活的困境，事業的無望等等。而這一切是發生在蔣介石召見兩年之後。他不受權力的撫摸，反而在權力老虎上拔鬚。這份膽識和勇氣，是李登輝那種氣質的人所沒有的。這是兩條不同的人生，更是兩種氣質人格。

三、照亮台灣前途方向的明燈

一九六四年發表《台灣人民自救宣言》不僅是勇敢，更展示智慧。五十多年前的文字，一般都會過時，甚至陳舊到沒法讀了。但《自救宣言》今天讀來，其基本精神和原則理念都沒過時，仍是台灣的指路明燈。

宣言提出台灣人民的自救之路是：推翻國民黨外來政權統治，制定新憲法，建立新國家，加入聯合國。這十五個字明確了台灣前途方向。可悲的是，今天在台上執政的綠營的民進黨，對這十五字目標不僅不追求，甚至連公開提倡的膽量都沒有。與彭明敏等那一代人的智慧、勇氣和道德責任感相比，今天的民進黨高層政客們簡直太侏儒了！

在蔣介石獨裁統治最嚴酷的年代，彭先生主導的《自救宣言》就敢使用「推翻國民黨」的字樣，那是何等的勇氣和智慧！就像美國《獨立宣言》痛斥大英帝國殖民統治的劣行、然後提出建立美利堅新國家的必要性，《自救宣言》也是歷數國民黨罪惡，然後呼籲建立新國家。在這一點上，彭明敏身上又帶著傑弗遜的特色。

四、不強調藍綠種族，最看重自由的價值

美國獨立宣言沒有強調美國人對付英國人，更沒有把建國視為英美兩族群的對立，而是強調自由的價值、個人三大權利：生命，自由，追求幸福的權利。所以美國獨立後，沒有統獨和美英種族衝突。林肯總統強調，美國是熔爐，美國人是電線，各族電流融化在一根線裡，激發出強大美國的火花。這個電流就是國家認同、價值一致。彭明敏等人的《台灣人民自救宣言》就有這種特色，強調外省人、台灣人團結起來，結束國民黨的一黨專制，揚棄「一中」

的虛假，建立一個新國家，加入聯合國。宣言強調的是自由主義的價值和原則，而不是狹隘的地域或族群。

這點又和美國另一建國先賢、強調獨立是《常識》的作者潘恩很像。潘恩當時就睿智指出，美國建國不僅是國家獨立，更是在北美大陸及全人類建立一種全新的政治制度。這種制度就是強調個人權利至上！彭明敏們的《台灣人民自救宣言》也是這個思路，要在台灣建立一個新的政治制度，在這種制度下，台灣人不再是二等公民，不再有種族歧視和壓迫，所有人（台灣人、外省人）都自由、平等、共榮；強調要在台灣「使人類的尊嚴和個人的自由具有實質意義」。這個角度和美國獨立宣言有精神上的一致性。

將來台灣人真正當家作主了，台灣的制憲、建國、入聯的三大目標實現了，台灣也不可有歧視外省人和其它任何族裔的情況發生。不同族裔的平等、自由、尊嚴地共存是《台灣人民自救宣言》的理念，也是正常健康社會的基礎。在這一點上，彭先生與美國建國先賢的思考在一個軌道，背後支撐的是古典自由主義的價值理念。未來的台灣人民會更加欣賞和感激建立在這樣理念上的建國根基。

五、一生看重尊嚴，直言批評權力者

彭明敏在二〇一九年初的重要舉動，是和台派領袖高俊明、吳澧培、李遠哲發表聯名信，呼籲蔡英文不要再選總統。當時民調，蔡輸給國民黨。這些台派領袖希望綠營能延續執政、並有堅定台派接續香火，從而推動《台灣人民自救宣言》提出的六字綱領「制憲建國入聯」。因蔡英文在總統任內別說六字綱領，連轉型正義都不認真做，被批評為「民進黨越來越像國民黨」。彭明敏們心急如焚。在南韓，反對派拿到國會過半席位後，就通過一個個議案，「光州事件」被昭雪，責任者兩任總統被判刑，落實轉型正義。而在台灣，民進黨在立法院席位佔三分之二（65.5%），卻對《台灣人民自救宣言》提出的制憲、建國、入聯根本不追求，甚至對台派的推動都阻攔杯葛。比如東京奧運前民間推動台灣正名就被打壓，推動台獨的喜樂島聯盟被摧毀等。

但在蔡英文成為民進黨總統候選人後，大選投票前，彭明敏再次發表宣言〈自救宣言續文〉，提出七項主張，呼籲當選者必須推動制憲建國入聯這三大目標。

堅定做監督者，而不是權力者附庸，這肯定得罪總統府的權力者，但這是彭明敏的性格氣質所致。都說「性格決定命運」，彭明敏和李登輝兩人，就頗為清晰地彰顯了這一點：李登輝之所以能對台灣的民主化做出重要貢獻，是因為他的確推崇自由民主的價值，同時有相當的台灣人意識；但由於他可以屈尊順從的性格，加上在國民黨體制內浸泡太久，用他自己說法，是「蔣經國學校」出來的，就薰陶出一種沒有統一性的國民黨特質。二〇〇〇年大選陳水扁當選，李登輝被國民黨趕出家門，成立了台聯，宗旨是推動台灣獨立建國。但後來情況有變，他就改弦易轍，強調「我從沒說過台獨」「台獨沒用論」等，翻來倒去。這都跟國民黨「權謀」思維有關，不能始終如一堅持原則理念，過於政治現實考量。所以李登輝雖然對台灣民主化做出重要貢獻，卻始終沒能甩掉黨國文化薰陶下的、缺乏獨立人格和統一性的特質。

而彭明敏則始終如一，在做人尊嚴和原則理念上從未妥協過。對兩蔣的招安都不為所動，那種「天子呼來不上船」的清高、獨立和凜然正氣，實屬罕見。

兩種人格氣質，哪種選擇更難？

李登輝和彭明敏走的截然不同的兩條道路。從國家角度來說，在追求自由民主的道路上，兩者不可缺一。但從個人角度來講，哪一種選擇更難？

我在〈魯迅是打不倒的巨人〉這篇兩萬字長文中比較過胡適和魯迅：胡適入朝當官，對中國的改革進步做出貢獻；而魯迅始終是體制外作家和思想家，哪個更不容易？當然是魯迅，他沒有政府資源，沒有顯赫權力地位，當然就更沒有門庭若市的官方地位帶來的絡繹不絕門客，而且靠自己爬格子寫作維生。這條獨立知識分子之路是艱難的，是一條孤獨之路，能堅持到底的人不多見。尤其是那些非常有可能謀到權力而拒絕、放棄的人，才是更不容易，更令人敬佩的！在海峽兩岸最常見的現象是：絕大多數文化人，都在權力的小徑上擠得頭破血流。

魯迅和胡適代表兩種人生道路選擇，更是兩種人格氣質。胡適永遠沒法變成魯迅，而魯迅也做不成胡適。讓胡適孤獨地寫作、兩耳不聞窗外事，一心只寫聖賢書，他做不到；他喜歡呼朋喚雨、門庭若市。而讓魯迅去拉幫結夥、靠群體壯膽、依靠政府力量，打死他也不會幹。談到彭明敏和李登輝，不期然想到魯迅和胡適，雖是不同時空，卻頗有相似之處。各自獨特的存在，成就了一番不同風景的人生。

彭明敏和李登輝的最後一次見面是二〇一八年四月郭倍宏等在高雄舉辦的「喜樂島聯盟」推動台灣獨立的誓師大會上。會前在休息室，彭、李兩人多年後見面，他們簡短寒暄的主題竟是蔡英文：李登輝首先對彭明敏說，你是總統府資政，蔡弄成這樣子（對蔡不滿），你得提建議噢（其實彭早已請辭資政了）；彭回答，你跟蔡英文關係很好，你應該提啊！兩位九十多歲高齡的老人最後見面，仍是殷切地關心國家、關心台灣前途，令人感動不已！

李對蔡私下不滿，公開卻保持良好關係。李過生日，蔡帶高官們參加，大宴賓客，名流雲集。而彭明敏從不辦大型慶生宴會，也不大張旗鼓過生日。當然，在「西瓜偎大邊」的諂媚文化背景下，彭先生舉行慶生宴，恐怕也不會有多少高官去參加，尤其在蔡英文專權下，給彭先生捧場，恐怕就會令老佛爺不悅（蔡連任後，就把吳澧培和李遠哲的資政拿掉了。彭早已辭，高牧師已逝），雖然她也會做點表面樣子。

李登輝仕途一帆風順，雖不能說享盡榮華富貴，卻當然沒受過任何物質生活上的艱辛。想起前南斯拉夫副總統、著名持不同政見者吉拉斯（Milovan Dilas），他雖官至二把手，但發現共產黨本質後，毅然決裂，寫出揭露共產邪惡的經典《新階級》等。他被撤銷一切職務，開除黨籍，晚年過著孤獨、艱難的生活。他的政府高級別墅被沒收，住在一個沒電梯的破舊公寓，沒電時要抹黑爬樓梯，但他至死不向權力者低頭。

彭明敏先生在台北淡水的住處是朋友借他住的房子，從門口下車後必須經過四十個石頭台階才能進入公寓樓（無地下車庫）。我幾次爬那個階梯都非常感嘆，彭先生如此高齡，每次進出，要怎樣支撐才能爬上那些「台階」？已是亞洲四小龍之一的富裕台灣，難道就不能提供一個沒台階的公寓給這樣一位對台灣獨立做出重大貢獻的先賢居住？

蔡英文當權已五年，之前當過民進黨主席多年，從來（！）都沒去彭先生家裡探望過。沒有彭明敏等一代人的奮鬥和犧牲，哪有民進黨執政的今天？沒有這些「染血染淚」奮鬥築成的台階，哪有蔡英文們「拾級而上」掌權的可能？

沒有豪華公寓、沒有權貴探望、沒有喧鬧奢侈的慶生宴，但他有一顆強大的心靈。從台大最年輕教授和系主任至今六十年的漫長歲月裡，彭先生不向權力者低頭，不屈服黨國勢力，走了一條獨立、自尊、高貴靈魂的人生道路。至今九十八年的人生歷程，始終如一；這是一種偉大的人格力量，一趟令人欽佩的人生旅途！

祝彭明敏先生更健康快樂，讓您這種獨立人格的形象越來越長壽，激勵越來越多的後輩跟您一起繼續那個必定能完成的事業和目標！

二〇二一年八月十四日寄自美國

既已改嫁　還爭貞節牌坊？

陳茂雄

總統大選時，蔡英文獲得八百一十七萬票，它屬空前，可是獨派人士反蔡英文者也遠比陳水扁時期多。可以確定的，獨派人士沒有能力撼動蔡英文，有朝一日蔡英文若是垮台，也是她自己垮的，不是被獨派人士打垮。蔡英文會依循自己的路走，不可能被獨派人士左右。

民進黨建黨初期，勢力薄弱，意識型選票是該黨的主流，後來獨派的政治意識逐漸淡化，而民進黨的政治版圖也快速擴張，獨派人士所能影響選票的比例大量縮減，民進黨因而已不太在乎獨派人士的反應，尤其是蔡英文一輩子從未從事過政治運動，依靠自己的力量獲得大位，要她聽命於獨派人士似乎不可能。

台灣人以前屬弱勢族群，產生異常的心態，很喜歡巴結強權。李前總統卸任初期，受到群眾的愛戴，例如卸任後第一次出國，接機的人擠爆了桃園機場，其群眾似乎遠比新任總統陳水扁多。可是二〇〇五年李扁交惡時，其群眾大部分轉向投扁，最令人傷感的，罵李前總統最兇者卻是他以前最照顧的人。

蔡英文上台後，是否赦扁的問題引起蔡陣營與扁團隊的對峙。全國黨員代表大會是民進黨的最高權力機構，五百多個全國黨員代表當中，有五百多人連署要蔡英文特赦陳水扁，這對蔡英文的壓力相當大，此案通過後，蔡英文若沒有特赦陳水扁，必須辭黨主席。讓人感到意外的，在代表大會中場休息時，那些連署赦扁的人幾乎全體尿遁，代表大會因人數不足而散會。

民進黨多數黨公職自認為理念與賴清德較接近，可是在民進黨的總統候選人初選時，支持賴清德的黨公職竟然只有個位數，大家都去抱蔡英文的大腿。蔡英文掌控權力中心，能給現金，賴清德能給的卻是支票，造成很多賴清德的支持者轉向支持蔡英文。

弱勢族群喜歡巴結權力中心

這是弱勢族群的表象，很喜歡巴結權力中心，因為權力中心可以給錢或權。甚至於沒有獲得錢或權，只要能讓層峰摸個頭就光宗耀祖，很多獨派人士被摸走了。目前從事政治運動與三十年前完全不同，三十年前從事政治運動無利可圖，為政治理念而推動政治運動，目前藍綠的背景趨於一致，為自己所要的而爭，也可以因利益改變政治理念，有人因政治理念大罵民進黨及中國國民黨，可是當民進黨丟出一塊骨頭之後，可以立刻歌頌民進黨。

民進黨已轉型為民主政黨，依循爭取選票、擴張政治版圖、分配政治利益的路線走，不可能推動台獨，蔡英文也從未參加過政治運動，她所領導的民進黨不可能走向傳統台獨。獨派人士可以繼續從事台獨運動，也可以放棄台獨而投靠權力中心，甚至於只扮演被摸頭的角色。無論走哪一路線，都是不偷不搶，應該受到尊重。

有些獨派人士，為了順利在權力中心飛黃騰達，必須讓層峰認定其擁有獨派群眾，因而虛張聲勢的喊台獨主張，扮演兩面詐欺的角色。對權力中心表態自己拉進群眾，對群眾則表態自己繼續從事台獨運動。中國古代，守節的寡婦若獲得貞節牌坊是無上的榮譽，可是已改嫁的寡婦還爭貞節牌坊，才真的荒謬。

二〇二〇年六月十五日

獨裁政權必有奴才

陳茂雄

印度寰宇一家電視台舉辦全球高峰會，就疫情相關問題以視訊進行討論，前國防部長蔡明憲接受印度媒體邀請，參與線上論壇。香港立法會議員、建制派「新民黨」主席葉劉淑儀也參加該項會議。蔡明憲在開場的時候，提到台灣作為一個國家，就立刻被葉劉淑儀打斷，說台灣是中國的一省，又直接離席抗議。

蔡明憲和葉劉淑儀都是透過視訊方式出席會議，雙方在會議中都以英語發言，衝突是從武漢肺炎（新型冠狀病毒，COVID-19）的名稱開始。當蔡明憲提及「武漢肺炎」時，葉劉淑儀警告說若對方再使用「武漢肺炎」，她就要離場。事後葉劉淑儀接受中國中央電視台記者專訪時重申，針對「台獨」言論，必須堅定立場予以駁斥，「台灣的所謂什麼部長」妄稱「台灣是國家」，台灣的定位就是「renegade province（叛亂省分）」。

在武漢出現的肺炎當然稱為「武漢肺炎」，若不能以地名命名，哪來「德國麻疹」、「日本腦炎」？從來沒聽說過德國與日本抗議，因為正常國家會誠實的面對現實，中國人不正常，隱瞞事實，才怕別人說出真相，詐騙集團的國家當然不會尊重真相。

台灣本來就不是中國的一部分，連《五五憲草》所規範的版圖都明確的排除台灣。一八九五年日本依《馬關條約》獲得台灣的主權，台灣與中國完全脫離關係。中國國民黨及中國共產黨都表示依循「開羅宣言」，台灣主權歸屬中國，這當然也是中國人的騙術，「開羅宣言」只是開羅會議的聯合公報，不是國際條約，擁有台灣主權的日本沒有參加，若可以處份台灣主權，那美國與英國就可以舉辦一個會議，發表宣言來決定香港的前途，葉劉淑儀認同嗎？

最讓人覺得葉劉淑儀缺乏常識的地方就是她說出台灣是「叛亂省分」，就算台灣是中國的一部分，叛亂的也是中國共產黨，怎麼會是中國國民黨盤據的台灣？別忘了連毛澤東等中國共產黨要角都是「中華民國」的國民，是因為他們叛亂，中國才出現內戰。葉劉淑儀說台灣是「叛亂省分」，等同兒子謀奪父親財產，自己不孝，反而罵父親是「不孝子」一樣。

獨裁政權之所以能生存，必定有異常的人力挺，香港從自由的英國殖民地淪落到獨裁政權的管轄區，維持五十年不變的諾言早就被丟進垃圾桶，有正義感的人當然會力爭自由，卻出現一群對抗正義的人力挺獨裁政權。蔣家獨裁統治台灣時也一樣，就出現一批人力挺獨裁政權，直到今日還是繼續捍衛獨裁者。

一個人即使不能維護正義，也不該挑戰正義，只是在獨裁政權統治下，必定會出現「奴才」，「奴才」的特色就是認定「主人」永遠是對的。獨裁政權下的「奴才」只會捍衛獨裁政權，踐踏正義，非常不幸的，台灣與香港就出現不少「奴才」。

二〇二一年四月一日

錯將中華民國當台獨？

陳茂雄

中國國台辦點名行政院長蘇貞昌、立法院長游錫堃、外交部長吳釗燮為「台獨頑固分子」，並揚言將對三人採取「懲戒」措施。中國全國台灣研究會常務副祕書長楊幽燕接受中新社採訪時指出，蘇貞昌以「武漢肺炎」惡意攻擊中國，游錫堃鼓吹「台美建交」，吳釗燮通過「竄訪」歐洲國家等勾連外部勢力。她並呼籲台灣民眾，要和極少數「台獨頑固分子」劃清界限。

真的活見鬼，民進黨政要怎麼會是台獨？中國於二〇〇八年出版的《「台獨」組織與人物》所列的名單才與台獨運動沾到邊，日前所列的三個「台獨頑固分子」，只有游錫堃在名單內，蘇貞昌及吳釗燮都不是。今日中國所列的台獨名單竟然將我們在二〇〇八年被列為台獨人物的一群人遺漏，中國是否知道我們這一群人感到很沒面子？

事實上中國所列的民進黨政要並非台獨運動者，是中國不了解台獨，或是裝傻？台獨運動的產生是因為台灣被外來政權佔領，當時中華民國與中國國民黨是一體兩面。之所以認定中國國民黨政權是外來政權的理由有二：第一，台灣人與中國人不平等，所以是殖民統治。第二，掌握立法權的立法委員及選舉總統的國代由中國搬過來，在台灣不能改選。針對獨裁的外來政權，台灣產生了台獨運動。

台獨運動的目標就是要推翻外來政權，也就是要推翻中華民國，以終結中國國民黨獨裁政權。只是政治民主化之後，由台灣人以民主程序產生中華民國政府，政權已走向本土化，台灣人也進入中華民國體制參政，推翻中華民國缺乏正當性，可是中華民國的國名及《中華民國憲法》卻屬外來，所以台獨運動的目標轉為正名制憲。

民進黨主流沒有從事台獨運動

蔣家執政年代，黨外人士積極反中國國民黨，後來組了民進黨，剛開始民進黨屬革命團體，以追求政治信仰為目標。茁壯後轉型為民主政黨，以執政為目標，所以積極追求選票，這階段雖然絕大部分台獨運動人士支持民進黨，可是民進黨的主流並沒有從事台獨運動，而是以民主政黨的身分進入中華民國體制，爭取政權。

民進黨積極進入中華民國體制內爭取政權，所以必須認同中華民國，當然不可能正名制憲，但必須切割中華人民共和國，所以訂定《台灣前途決議文》，認定台灣是一個獨立的國家，其國名為「中華民國」，領土為台澎金馬，若要變更，需要公投。在中華民國體制內爭取政權的民進黨，既不可能推翻中華民國，也不可能正名制憲，與台獨運動完全切割。

中共相當堅定的政策就是消滅中華民國，中華民國的執政者當然要捍衛中華民國，所以拒絕中共的併吞，而中共將抗拒併吞者定位為台獨，所以認定捍衛中華民國的民進黨為台獨，事實上民進黨權貴只捍衛中華民國，未參加過台獨運動。中共所稱的台獨就是拒絕中共併吞者，也就是中華民國的權力中心。中國國民黨一方面說要捍衛中華民國，一方面跟著中共喊反台獨，有病！

二〇二一年十一月十二日

赴國外治療有助陳前總統病情

陳順勝

最近陳前總統的病況，常被作為炒作話題，造成當事人及醫療小組困擾不已。在陳前總統的同意下，醫療小組將其三年來之健康狀況、檢查結果、治療及預後，來向社會作個完整的報告。

二〇一三年十月在台中時，陳前總統健康已呈惡化；手嚴重不自主抖動，行動需人攙扶才能行走，記憶力、空間感、執行功能均不佳，且出現重度憂鬱與焦慮的情形。檢視在台北與台中施作的影像顯示腦部有明顯病變，主要病灶在前額與顳葉呈萎縮、腦白質受損，其生活功能被評為「需他人協助」及「需預防自殺自傷」。

二〇一五年一月陳前總統從台中回高雄，由市政府協調成立的醫療小組隨即進行評估，發現其行動、情緒狀態、智能與在台中評估狀況時相似外，並具嚴重自殺衝動、被害與自殺意念、驚惶不安、失眠、尿失禁、睡眠呼吸中止症、動作協調失能而常造成跌倒等症狀。針對其嚴重憂鬱與創傷症候症狀等精神與神經病症及多種嚴重疾病，立即給與藥物與心理治療，並安排積極物理及職能復健。

醫療小組定期討論追蹤　腦神經檢查結果整理

除定期回診及居家治療外，為慎重起見，醫療小組也安排定期病情討論會及各種追蹤檢查，茲將腦神經檢查之時間、項目、內容及結果整理如下：

二〇一五年一月：重新施作核磁共振腦部造影（MRI），以釐清陳前總統大腦功能與可能病理狀況，結果與台中時的狀況比對，並未有顯著的改變。

二〇一五年四月：正子造影掃描檢查（PET Scan），顯示腦部額葉之代謝低下。經三個月的治療後，其「情緒」與「運動功能」稍有進步，利用神經心理學檢查＊＊（neuropsychological tests）發現，在「認知功能」中，「執行功能策略」使用與「記憶力」兩項仍欠佳，此結果與PET功能性掃描之異常現象吻合。（＊＊神經心理學檢查是一種大腦功能性的檢查，功用在客觀檢驗病人是否有大腦認知功能的缺損，主要測量病人的智力功能，包括注意力、語言障礙、記憶功能、視覺空間功能與大腦高級認知功能，及評估大腦功能受傷損害的程度，特別是大腦退化性疾病如失智症等）

二〇一五年九月：再進行神經心理學檢查，追蹤其認知功能狀態，評估結果顯示陳前總統之「執行功能」稍有進步，但「記憶力」仍有顯著缺損的現象。

二〇一六年三月：再次正子造影掃描檢查，發現腦前額葉訊號較先前提升。

二〇一六年九月：進行神經心理學檢查追蹤評估，結果顯示其「記憶力功能」進步，但「執行功能」卻開始退步，甚至比在台中時的表現更差，而「記憶力」的得分，也未達正常同齡的水準，主要問題與其「策略使用」錯誤相關。針對結果加強認知功能訓練。（策略使用為前外側額葉的功能之一，錯誤的策略使用將導致測驗結果不佳，與測驗作答反應變慢）

二〇一七年十二月：追蹤認知功能進行各項評估，結果發現在「語文的短期記憶」表現與去年約略相同，「再認記憶」則較去年進步，由此推測在「記憶力提取上」有困難。「執行功能」方面，陳前總統之表現較去年佳，「衝動控制」及「自我監控」能力均有提升。

保外就醫後嚴謹之醫療評估，三年來在壓力或創傷情境出現時，病情會間歇性惡化。在二〇一七年七月期間敦請台灣專業物理治療學會與職能治療學會專家們分別會診後，建議應加強原有社會適應與創傷情境之復原重建，以治療其失能與創傷壓力病症，與改善認知功能。因而我們加強原有日常生活訓練，繼續在醫護人員妥善計畫與陪同下，增加出遊、訪友、餐敘、與各種職能治療活動。

干擾因素不斷　應至國外著名醫學中心治療

在社區復健與復原重建計劃，三年來我們曾經多次安排社區互動、職能治療活動、前後神經行為測試，發現多項認知功能會略有改善，測試對環境新學習能力成效亦皆甚良好，可作為診療依據。如能加強其過去熟悉的環境、事物與人文的思維，復健效果應能更顯著。目前正繼續以減壓漸進方式，加強其自信心，以社會溫暖面，解除其創傷壓力情結。

三年來陳前總統在醫療小組的照護下，其憂鬱經藥物、心理、復健治療有明顯改善，但其情緒尤其創傷症狀容易受到環境的影響而呈不穩定與輕生意圖。然而，尿失禁、部分認知功能缺損仍嚴重，雙手仍不自主抖動尤其右手，整體運動與平衡功能經不同領域評估仍處中等失能狀態。在壓力或情緒激動時，行動控制仍無改善而具跌倒的高危險性，生活無法自理而需依賴他人。是以繼續判定因病情複雜需繼續保外就醫，或不宜出庭應訊。

三年來我們繼續延請國際此領域專家與國內專家會診討論，教授群的診斷建議應繼續臨床觀察與治療，有鑒於不斷對病人病情與診療有干擾因素，若要獲得更好的預後，建議改變環境或至國外著名醫學中心繼續治療。

二〇一八年一月十一日

以神經科學看政治人物的說謊與影響

陳順勝

前言

二〇〇九年九月六日，在當年莫拉克颱風八八水災造成台灣重大災難，中央處理失當之後，在部落格我寫了「給馬英九先生的忠告：政治家的傲慢是一種疾病」，《蘋果日報》報導使用，結果各媒體因用舉國譁然，驚動總統府也出面回應。

不久應邀在中央通訊社《全球中央雜誌》與「名人部落格」寫專欄。二〇一一年十一月一日我在《全球中央雜誌》「醫者台灣情」專欄寫〈謊言與造假症〉，指明最近媒體競選活動報導頻繁，政治人物的言行常常反反覆覆，自相矛盾，看在神經科或精神科醫師的眼裡，知道他們不是說謊，就是患造假症相關的疾病。

文章指出「在科學上，已發現習慣性說謊和欺騙的人可能有異常的大腦。」刊出來後當月接獲通知，雜誌改版專欄也取消了，以後不用再寫了。

相隔近十年，全世界神經醫學與科學的進步，針對政治人物的說謊，有更精闢的研究發表，而值得我重新談這個議題。

政治人物的說謊

說謊是人常有的行為，人不誠實與說謊，是成人社交世界裡常態表現的一部分，其影響會從政治、金融、信用到個人關係等各個領域。有趣的是，雖然說謊是倫理道德準則中的偏離行為，卻隨著時間會漸漸增長為各種不同程度的違規行為。我們可以提供神經科學證據與經驗，顯示政治人物的自私不誠實的行為會逐步升級，而且有它的腦神經機制。

說謊成性的神經科學機制

在行為上，可以發現政治人物自私不誠實隨著重複發言與表現而增加說謊的程度與次數。使用功能性 MRI，顯示腦部杏仁核（amydala）對不誠實行為的記錄很敏感，會減少該構造神經細胞傳遞信號，終至產生適應這種說謊行為。也就是從習慣性說謊（pathological lying）逐漸變成造假症（confabulation），自己也認為是真的，後者在酒精成癮腦症，是因為視丘乳突神經徑路（thalamo-mammilary tract）失能所致。

而最重要的是，杏仁核對不誠實行為的敏感程度，會越來越厲害。所以對國家領導人而言，這是很可怕的科學現象，會導致國家於危險。

研究調查結果支持「滑坡效應 slippery slope」，像在平滑斜坡上，會越來越糟糕的生物學機制；也就是說從小開始的不誠實行為，可以升級為更大的違法行為。推論選前的欺騙，選後會變本加厲成為不誠實的執行政策。

政治人物應用說謊

自從柏林圍牆倒塌至今，已開發國家都覺得他們應該避免極端；造成在英國，最左派的人永遠不會接管工黨。在美國，Ku Klax Klan 永遠不會上台。在法國，馬琳勒龐 Marine Le Pen 和國民陣線 National Front 永遠不會構成威脅，他們曾經嘗試過，但是明智的選民會拒絕他們。這也是讓台灣領導人選擇為何要走維持現狀的路線可能原因之一，可惜沒有洞察整個世界發生劇烈的改變而無所因應。

在二〇一六年六月二十四日英國脫歐和十一月九日川普當選，情況發生了變化。從曼徹斯特到紐約，從布魯塞爾到莫斯科，還有這次九合一選舉台灣從北到南，全球許多人都還不相信全世界，似乎正在走向極端，而遠離過去避免極端的國際共識。似乎地球周遭正在發展很多的恐懼和焦慮。而神經科學研究顯示，這些威脅事件造成的危險性。人竟然會相信這些編織的謊言，進而信以為真的支持，這現象與宗教的信仰很接近。

文獻舉一個例子，瑪麗有個從小會家暴，天天打她的單親酒癮父親，每天交織在對父親的愛與恨壓力之間，當人們跟她一樣面對一系列的焦慮與害怕之間時，我們主掌客觀思想與記憶的額前葉與海馬迴，會開始關閉他們神經徑路的運作。同時啟動主掌情緒的杏仁核，特別是面對逐漸變劇的害怕。這種神經生物學的過程，深度掌握決定我們的決策、估計風險、與探索原因的能力。讓我們走向極端、簡單化、頑固的認知、與反轉相信與自己不同的意見。

突發政治事件影響神經科學路徑

二〇〇六年，心理學家 George Bonanno 和 John Jost 研究九一一恐怖襲擊的高暴露倖存者。研究者發現大多數人經歷了事件後「轉趨保守」。為了控制攻擊所帶來的不確定感和威脅感。他們從自由主義走向了保守主義。倖存者接受了「相對簡單但認知剛性的解決方式」。例如，把事情單純化為善與惡、黑與白、貪腐與清廉、我們與他們，領導與追隨者等面對安全和威脅問題的意識形態。然而，以心理健康症狀或親友對心理調整的評分來衡量，這種政治轉變沒有改善他們的整體心理狀態。

政治人物運用威脅語言演說

川普使用「他們帶毒品。他們帶來了犯罪。他們是強姦犯。」這些威脅的句子煽動民眾恐懼和焦慮的火焰，讓人們暴露在威脅的刺激，這有助於使他的群眾轉向更保守的方向。這很像此次九合一選舉用「又老又窮、北漂、政治零分經濟百分。」刺激群眾，而讓他們相信候選人會讓高雄成為首富一樣的手法。

引發恐懼，對於那些潛在專制領導人的群眾非常有效，將自己描繪為日益保守觀眾的恐懼和憤怒的唯一解決方法。可以人進來貨物出去，高雄成為首富。

概率忽視和確認偏差分析政治謊言

經過廣泛的研究，生活在恐懼中的人會有兩種心理狀態：概率忽視（neglect of probability）和確認偏差（confirmation bias）。

概率忽視（neglect of probability）是當人被生動想像的東西激動情緒時，例如恐怖襲擊，他們會擔心它的結果，即使它極不可能發生——這種反應被稱為「誤導」。當川普演講談論歐洲移民，將其與布魯塞爾，尼斯和巴黎的恐怖襲擊聯繫在一起。甚至在瑞典發生的恐怖襲擊，他利用這些心理偏見，使人們擔心一個非常不可能發生的事件。如果他們使用冷靜的理性概率分析，會得出結論，他們會面臨在恐怖襲擊中死亡的概率幾乎不存在。

確認偏差（confirmation bias），如果我們看越多相同的報導，例如電視描繪移民帶來犯罪和毒品，我們會更關注，隨著時間的推移，我們會相信這是一個存在的問題。事實上，從一九七五年到二〇一五年，在外國出生的恐怖分子在美國土地襲擊平均死亡率每年為3,609,709分之一次。在這四十一年中的三十年中，沒有美國人在美國境內因外國人或移民造成的恐怖襲擊而喪生。

如果在野黨應用媒體優勢，一再傳播報導，而執政黨不做對等的有效回應，就會達到概率忽視和確認偏差的效果，當然兵敗如山倒。

政治謊言引發恐懼的惡性循環面

因此，恐懼會導致「概率忽視」和「確認偏差」。這會導致更多的恐懼，導致更多的概率忽視和確認偏差，等等。

回到瑪麗的例子。瑪麗成年後仍在努力解決她小時候遇到的問題。她不容易相信：自己的父親讓她失望多次時，她怎麼能相信其他人呢？她對愛情和世界都是封閉的，她相信唯一需要注意的人就是她自己。人腦是一種容易發生壓力的機器，能夠立即響應威脅。因此，恐懼（大腦對特定危險的反應）和焦慮（對不確定危險的反應）可用於影響行為。

威權政權利用這些工具，作為獲取權力的槓桿。這些政權，通過提供簡單的方式來處理群眾的恐懼和焦慮進而操縱人們：在困難時期，專制政權只需要利用人民有限的能力進行自己探索性決策，即使改革也一樣。通過操縱技術，威權政府不允許言論自由，並且希望控制其公民各方面的日常生活。今天，在朝鮮，辛巴威和白俄羅斯等國，仍可以找到這類政府的例子，我們不希望台灣在實行民主政治時，還會出現獨裁的政黨和政府。

面對政治威脅的神經科學解決之道

我們怎樣才能避免政治人物，以恐懼和焦慮來操縱我們呢？我們可以在重要的決策前採取以下主動的措施，例如在政治競選期間：

在對您的政治行為做出重大決策之前，盡量保護自己免受暴露於引發恐懼和焦慮的信息的傷害。

如果您接觸到引起恐懼和焦慮的信息，請注意減少暴露並花時間冷靜下來並整理自己的情緒，大約二十分鐘應足以遏制「逃跑或戰鬥反應 Flight & Fight」。

通過減緩我們的大腦節奏，降低我們行為（包括政治行為）的風險，並增加了有意義和理性決策的可能性。

經常讓自已做這些練習，譬如思考下列問題：

您認為可以用來解釋川普在美國大選中獲勝的一些因素是什麼？要舉出實例。您認為可以用來解釋九合一選舉國民黨獲勝的一些因素是什麼？要舉出實例。您在哪些方面可以看到政治行為者操縱選民？作為個人和社會，我們如何避免未來對此類的操縱？

二〇一八年十二月十三日

是共匪，也是綁匪

曾建元

八月三十日是強迫失蹤受害者國際日。一九九二年十二月聯合國大會通過《保護所有人不遭受強迫失蹤宣言》（Declaration on the Protection of All Persons from Enforced Disappearance），認定在出現下列情況時即構成強迫失蹤行為：「違反其本人的意願而予以逮捕、拘留或綁架，或剝奪他們的自由，隨後又拒絕透露有關人員的命運或下落，或拒絕承認剝奪了他們的自由，結果將這些人置於法律保護之外」。二〇〇二年七月一日生效的《國際刑事法院羅馬規約》（Rome Statute of the international Criminal Court）表明，廣泛或有系統地針對任何平民人口的強迫失蹤攻擊行為可構成危害人類罪，將之排除訴訟時效的規定。這使受害者家人有權尋求賠償、要求瞭解親人失蹤的真相。二〇〇六年十二月聯合國大會通過《保護所有人免遭強迫失蹤國際公約》（The International Convention for the Protection of All Persons from Enforced Disappearance），並於二〇一〇年生效。我國並非《國際刑事法院羅馬規約》締約國，二〇一七年行政院會議則決議將《保護所有人免遭強迫失蹤國際公約》送請立法院審議，目前立法院尚未完成批准。

全球最大的強迫失蹤人口國家即為中華人民共和國。該國是通過具有強迫失蹤效果的法律工具，在社會中對人民形成恐懼氛圍而遂行黨國極權恐怖統治，而制度性強迫失蹤的最大問題根源，便在於該國的《刑事訴訟法》。中華人民共和國《刑事訴訟法》第八十五條規定，司法工作人員將危害國家安全與恐怖活動之犯罪嫌疑人拘留後，基於國家機密保護需要，為避免妨礙偵查，可以不必通知家屬，這一條文乃成為中華人民共和國對異議者廣泛實施祕密拘捕而造成強迫失蹤事實的法源，而對司法工作人員和國安人員而言，只要祭起國安大旗，便如同擁有尚方寶劍，無需申請任何令狀，即可對任何人實施逮捕羈押。

該國《刑事訴訟法》第七十五條還規定著另一種不純正的強迫失蹤：指定居所監視居住。這是對於涉及危害國家安全犯罪、恐怖活動犯罪、特別重大賄賂犯罪的犯罪嫌疑人、被告人，經人民檢察院或者公安機關批准，可將其軟禁在看守所以外的指定居所，雖然必須於二十四小時內通知家屬，卻不必告知地點，亦不允許會見律師。這就是告訴你人還活著，但就不讓你知道人在哪裡。指定居所監視居住，最長可長達六個月。

試想，在中國大陸，一旦人失蹤了，如果是綁匪要擄人勒贖，必然要通知肉票家屬取贖，所以被綁匪綁架了，家屬還可以知道親人的下落安危，有機會把人救回來，如果人失蹤了渺無音訊，大概就凶多吉少，不是真的失蹤屍骨無存而必須考慮死亡宣告，就準是被國家以國安名義綁架，成為朝廷重犯。

除了刑事綁架，中華人民共和國針對宗教團體和少數民族，還設立有洗腦班，而以行政綁架的手段，對異議者進行行政拘留，強制其進入集中營實施再教育。其惡名昭彰者，如一九九九年七月以後，由共產黨中央政法委員會中央處理法輪功問題領導小組改組成立各級防範和處理邪教問題領導小組及其辦公室（六一〇辦公室），並在各省、市、縣、區設立所謂法制教育基地，利用當時還存在的勞動教養所對法輪功學員兼及異議人士和維權上訪人員進行祕密關押和強制轉化再教育，二〇一三年勞教制度在表面上宣布廢除後，於二〇一四年又以《社區矯正實施辦法》借屍還魂，公安機關對於依《治安管理處罰法》第二十七條實施治安拘留者，還可以再進行社區矯正、強制洗腦再教育，但治安拘留最多只有十五天，因此超過十五天的法制轉化再教育，就是非法關押和強迫失蹤。

對法輪功私設刑場的經驗，則被延伸到以反恐怖主義極端化為名的針對維吾爾民族的轉化再教育工作。二〇一四年，新疆維吾爾自治區開始設立名為職業技能教育培訓中心的洗腦班，先由維族伊斯蘭宗教領袖和神職人員進行強制洗腦再教育，二〇一七年，新疆維吾爾自治區人民政府頒布行政法規《新疆維吾爾自治區去極端化條例》，以行政綁架的方式對維吾爾人民全面展開所謂反極端化的轉化再教育工作，不受任何司法監督。二〇一九年，再教育營政策被引進西藏自治區，用來轉化再教育信奉藏傳佛教並效忠於第十四世達賴喇嘛丹增嘉措和藏人行政中央的西藏僧侶和百姓。

二〇一九年香港爆發反對《逃犯條例修訂草案》運動，香港特別行政區政府動用警察強力鎮壓，爆發數起墜樓自殺抗議事件，並有多達六千名市民被捕和上百起失蹤人口通報。二〇二〇年全國人民代表大會常務委員會通過《中華人民共和國香港特別行政區維護國家安全法》，依該法第五十五條規定，香港國家安全公署可以就涉外或重大國安刑案插手刑事偵查，職務行為不受香港特區管轄，而且檢察機關和審判機關均由中央政府指定，訴訟程序更適用《中華人民共和國刑事訴訟法》，除了第一次訊問或者採取強制措施之日起依《港區國安法》第五十八條規定保障犯罪嫌疑人有權委任律師辯護外。此無異於將香港內地化，只要國安公署接手的案件，羈押無期，不知去向，生死兩茫茫。日前傳出有香港人以偷渡方式企圖逃離香港，投奔怒海，航向台灣，不幸為中華人民共和國海上武裝警察截獲，這種半世紀以前發生在南海的越南難民海上漂流的時代悲劇，沒想到今天主角竟然變成香港人。

根據海峽交流基金會的統計，我國人民在大陸失蹤人數，一九九一年至今歷年累計已達六百人，失蹤原因不一，但我國人民以國安原因遭到逮捕監禁者如李明哲，就形同遭到綁架，全然無刑事司法人權可言，然至少還知其尚在人間。

今年六月二十六日，五十名聯合國人權專家以個人名義共同發表聲明〈中國基本自由遭受攻擊〉（Fundamental Freedoms Under Attack in China），特別提到聯合國人權理事會強迫或非自願失蹤問題工作組在中國大陸的工作，該聲明指出，中華人民共和國政府沒有像其他一百二十多個會員國那樣，向聯合國獨立專家們發出開展正式訪問的長期邀請，使其得以在保密、尊重人權維護者，和充分避免對任務負責人可能會見的人進行報復的環境中進行這些訪問。人權專家們敦促聯合國人權理事會針對中華人民共和國人權狀況建立一個公正而獨立的機制，以密切監測、分析中華人民共和國的人權狀況，並每年進行報告，他們並呼籲各國和聯合國機構在與中華人民共和國的對話和交流中均應明確要求中華人民共和國履行其人權義務。

我個人充分贊同上該聲明的主張，但也要指出，這五十位專家之所要以個人名義發出聲明，是因為聯合國人權理事會遭到中華人民共和國的強烈干擾，難以對中華人民共和國展開真正的調查，但更關鍵的問題是，這五十人當中沒有任何一個華人，這意味著聯合國人權理事會中的華人專家，都沒能敢站出來對中華人民共和國嗆聲。最了解中華人民共和國人權狀況的，就是華人本身，所以我要呼籲聯合國人權理事會或國際人權組織，應當結合華人的力量，廣泛納入華人專家學者來共同從事中國大陸的人權調查和分析工作。我國剛在監察院下設立國家人權委員會，未來實應匯聚國家資源，積極展開國際人權事業合作，關切中華人民共和國人權狀況，提出批判和改善建議，持續救援在中國大陸失蹤的台灣國人，也適度放寬對中國大陸和香港澳門人民的政治庇護條件，而以人權議題作為無形的戰場，爭取中國大陸和香港澳門人民對台灣的支持，全球輿論的同情，以共同反對中華人民共和國侵略台灣從而撲滅制衡中華人民共和國霸權擴張和實現憲政中國的希望。

二〇二〇年八月二十八日七時半　台北晴園

統派的黃昏

曾建元

台灣的政治光譜，統獨各執一端，以往在中國國民黨威權統治時期，反攻大陸、統一中國是基本國策，台灣獨立則是思想叛亂，所以基於政治正確，趨吉避凶，絕大多數人民都會公開表態支持統一。

一九五七年國立台灣大學哲學系教授殷海光在《自由中國》中，以〈反攻大陸問題〉一文寫出反攻無望論，一九六四年再有國立台灣大學政治學系教授彭明敏與其學生魏廷朝、謝聰敏合寫〈台灣人民自救宣言〉，揭穿了國民黨藉反攻神話維持黨國威權統治的心計。事實上，蔣中正總統在一九五九年〈掌握中興復國的機運〉中就說過：「如果再過十年，超過了『十年生聚，十年教訓』的期限，還不能反攻復國的話，那就任何希望都要破滅了。」依照蔣中正的說法，一九六九年以後，中華民國就無法再反攻大陸了，一九七一年，中華人民共和國取代中華民國在聯合國中的中國代表權，主客易勢，中華民國只能革新保台，台灣住民自決論成為選舉中黨外與國民黨競爭的國家論述，經過蔣經國和李登輝兩代總統。

贊成台灣主權獨立成主流民意

在台灣展開自由化和民主化的過程，以及民主進步黨新台獨論的轉型，台灣在政治上的概念，已經幾乎等於中華民國的同義詞，國立政治大學選舉研究中心今年（二〇二〇）七月公布的《政治態度趨勢調查》，便證實在統獨立場上，維持中華民國在台灣的法理與政治現狀，但未來贊成台灣主權獨立，是台灣的主流民意。蔡英文領導的民進黨能夠全面執政並順利連任，作為一個選舉黨，就是擁抱了台灣的民意。

國民黨從蔣經國開始，就已經宣布不再軍事反攻大陸，國民黨如果無意於主動追求統一中國，則台灣的中國統一主義者，便不可能對國民黨有所期待，固然還有些舊情依依。台灣統派對於兩岸統一，對民進黨無所期待，復又懷疑民進黨執政下的中華民國已發生台灣化的質變，乃遂轉而寄望於中國共產黨，因而台灣在國民黨的支持群眾當中，出現了華夷變態的可悲現象。

紅統寄身在國民黨裡頭

如果要說台灣本地最堅定和可敬的統派，我認為就是懷抱社會主義理想的統派，信仰社會主義和民主價值，而又擁有中華民族主義的情懷，相信中國統一有利於台灣。這裡許多是日治時代至戰後初期的台灣共產黨和中國共產黨台灣省工作委員會的孑遺。至於那些看不清中國特色社會主義就是一種走國家資本主義的修正主義，無視於中國大陸人民和民族受到新階級壓迫的情形，而把中國統一的力量寄託於中華人民共和國，不惜犧牲台灣人民的自由自決、民主法治和幸福者，就是所謂的紅統，那就是等而下之的統派。台灣近年不乏紅統寄身在國民黨裡的身影，恰似當年中共寄身在國民黨裡。問題的關鍵點在於國民黨裡紅統的中華民族主義情結高於對於三民主義和憲政主義的信仰，也因為國民黨的民族主義立場搖擺，讓中國共產黨的統一戰線工作有機可乘，也就導致國民黨受到紅統和中共綁架的狀況。

面對中共建黨一百周年的即將到來，國民黨如果不能在憲政主義和反共保台上堅定立場，必然會陷入到非常尷尬為難的局面。筆者認為，在現階段主張保衛大台灣，基於李登輝特殊國與國關係的路線，以中華民國論述正面迎戰中華人民共和國，高舉中華民國參與起草的《世界人權宣言》中的普世價值批判中國特色社會主義，而以台灣人民自決權和台灣海峽國際化作為國家防衛的最後手段，正是團結台灣人民與全球自由華人與被中華人民共和國壓迫的各個民族的最佳國家認同定位和意識形態詮釋權戰略。

紅色統派，並不足憂，選舉民主會決定其價值與生存。對抗台灣主流民意、否定台灣主權獨立，這是敵我矛盾而非台灣人民內部矛盾，這一區別，我們公民社會裡的各個力量，還要努力把觀念講得更清楚，並且與這些出賣者展開文明的鬥爭。

二〇二〇年十一月二十二日十時半
宜蘭縣蘇澳鎮瓏山林蘇澳冷熱泉度假飯店九一七室

台灣？中華？中國？大陸？霧煞煞？連結乎？

楊欣晉

我們一般都知道「中國」的英文是「China」，而「中國的」或「中國人」的英文是「Chinese」，那麼「中華」與「中國」是相通或不同？它的英文在台灣又怎麼說呢？我們來檢視並考驗一下各位：

加拿大知名的「蒙特婁部落格」（MTL Blog）因近來中國在其境內逮捕了幾名加拿大人，前不久竟然用「中華航空」或「華航」（China Airlines）客機為標題照片，來呼應加拿大政府的警告：希望加拿大民眾避免前往中國旅行。真是讓「華航」自討苦吃或自取其辱啊！

這的確不只是錯亂而且荒謬，因為「中華航空」或「華航」的英文是「China Air（lines）」，而中國的「中國航空」英文是「Air China」。即使是以英文為主的國家如加拿大，也會對「China Air」及「Air China」，搞得霧煞煞？一定會認為都是「中國」的航空公司，究竟會有誰知道那一家是位在「台灣」的航空公司啊？為了正本清源，請快快正名為「TAIWAN Air （lines）」吧！以正國際視聽，回歸正常而便捷的、真實的屬於台灣的航空公司，否則也會重重影響到「華航」國際的生意及商譽。

在此，我們值得提出來省思：去年當中國要求全世界的航空公司，將「台灣」改成「中國台灣」，加拿大航空公司也響應了此一要求時，而加拿大台灣同鄉會江文基會長帶領熱心的台僑，千里迢迢集結到加航總部示威抗議，要求正名為「台灣」，但江會長及台僑們心想：我們如何據理力爭？若是加航或加拿大政府回應：如果你們不先正名「台灣」自己的「華航」「China Air（lines）」，那麼加航稱為「China Taiwan」又何錯之有呢？

另一件值得一提的是：我們海外台僑及台灣民間在熱熱烈烈地進行「正名」運動包括二○二○東京奧運，可惜的是，去年（二○一八）十一月大選時公投沒有過關，更遺憾的是，「台灣」的蔡總統，竟然在去年幾次地使用「China Airlines」為所謂的「鞏固友邦」到處飛揚，這似是在宣傳「China」，即使是自己的友邦也錯亂地稱為「China Taiwan」（中國台灣），更讓世人有一個錯覺：似乎配合著中國習大大用「Air China」在為一帶一路在世界各地趴趴飛，一起為「China」做宣傳啊！這個世界彷彿陷入了只有「China」Air Dreams（空中夢想）？而蔡政府也決定用「Chinese Taipei」參加二○二○東奧，請問「台灣」究竟在那裡？這個問題可維肖了，不管是中國國民黨或是現在執政的民進黨，在選舉時，「台灣」就會時時出現，甚至聲嘶力竭地喊什麼「愛台灣」？什麼「改革為台灣」？選後又重回已死的「中華民國」舊體制，又將「台灣」牢牢地套入在「一個中國」的結裡！也讓台灣人民不知不覺地，陷在

「中國」的歷史糾纏，及難以自拔的漩渦裡！

再來看看：「中華台北」的英文是「Chinese Taipei」而「中華民國」是「Republic Of China」－「ROC」，但只要懂得英文，就知道這根本是「中國（的）台北」或是「中國共和國」，這就是蔣氏外來政權的中國國民黨，為了維繫其「中國」的法統，苟延殘喘至今，但在一九七一年十月二十五日聯合國已經通過了二七五八號決議文，宣稱「ROC」所有的一切地位及資產由中華人民共和國（People's Republic Of China or PROC or PRC）合法取代，即代表「中國」的唯一合法政府，如同對「ROC」頒發了死亡證明書，而蔡政府竟然還宣稱「中華民國是台灣」及「台灣就是中華民國」，這簡直是作繭自縛，如此更讓「中國」就時時以聯合國二七五八號決議文來宣示：「台灣」就是屬於中國的，我們用簡單的數學方程式寫出就是：ROC = PROC = PRC = CHINA（PRC or PROC: People's Republic Of China）。

還有一個重點必須提及，台灣有不少的媒體，講到「中國」，竟然都說「大陸」，甚至在今天美國川普總統向國會發表國情咨文，演說時提及「China」，卻翻譯成「大陸」，這難道會是英文太差嗎？還有大部分的台灣人，講到「中國」，也都說成「大陸」，這不只是在近七十年來，「中華民國」體制下或是「一個中國」包括「大陸」地區及「台灣」地區的遺毒，也是缺乏國際的常識，因為在這世界上有許多的「大陸」如：美國、歐洲、澳洲、非洲等…，因此我們也盼望台灣政府、媒體及人民，要有國際視野及常識，將「大陸」正名為「中國」，否則你到國外去旅遊，會讓人家霧煞煞？不知道你在說那個「大陸」啊！

更加有趣及荒謬的是，中華郵政的英文竟然不是「China或Chinese Post」，而是「Chunghwa Post」，還有「中華電信」的英文也是「Chunghwa Telecom」，通郵、通信是屬於國際性的，因此在這種情況下，中華若譯成「Chinese」或「China」，那麼所有要寄到台灣的信件、包裹、信息，一定會送到「中國」去，這將使台灣人延遲或沒有收到，也會讓台灣人失望甚至氣憤（我們相信中國國民黨也知道會有此惡果，所以也不敢將「中華」譯為China或Chinese）。

還有在台灣，不少的旅館、餐廳及航空公司，所提供的早餐如：稀飯加魚／肉鬆或菜脯蛋或小醬瓜或鹹蛋等，這應是典型的台式，既然稱為「Chinese Style」「中式」，而不是「Taiwanese Style」「台式」，連這種基本的餐飲都不能或不敢真實的叫出「台灣」式，那麼要如何去向國際宣示「台灣」的正名及「台灣就是台灣」，且絕對不是「中國」的一部分呢？

這真是台灣人的不爭氣，連自己的飲食或是航空公司，都不敢用「台灣」之名，還有台灣的政府也要透過「教育」「媒體」正視並宣傳「台灣」與「國際」歷史的真實與現實，以擺脫「中華」或「中華民國」連結一個「中國」的枷鎖，如果「台灣」政府及人民任憑中國以「聯合國二七五八決議文」、「一中原則」及「一國兩制」的九二共識，甚至三不五時的文攻武嚇，都不在乎，而台灣政府通常惦惦嘸出聲，如此只會讓「中國」欺善壓弱，軟土深掘，即使有強硬聲明，也沒有什麼動作？更不敢正名，那又有誰能幫你呢？即使別人幫忙了，自己不吭聲也不改正，又有何作用呢？自助而後人助，自尊而後人尊，台灣政府及人民醒醒吧！自己的名字自己改，自己的國家自己救，共同建立擁有屬於自己的國家，名字是「台灣」，好好做個有尊嚴的、真實的、自主的「台灣」人吧！

二〇一九年二月六日

抱死「中華民國」，是為「台灣」好？或為保「權利」？

楊欣晉

「中華民國」：ROC-Republic Of China，直譯是「中國共和國」，而「中華民國」成立及制憲時，「台灣」是在日本國的統治之下，所以「中華民國」不是、也不等於、更不包含「台灣」，而且，它已經不存在、死亡了，最明顯的事證是：即聯合國大會於一九七一年十月二十五日所通過的二七五八決議文：「中華民國」完全由「中華人民共和國」即「中國」所合法取代；而「台灣」也不是一個在國際上被承認的「國家」！

上述對於「中華民國」與「台灣」的關聯性與隸屬性，從法律、條約、歷史、血緣、文化等……種種觀點上，相當多的文章有詳細的論述過，這兩者之間是互不隸屬也不相干，也有不少的座談會及建言，即使有極高民意的要求「正名」甚至「制憲」，但對於「台灣」的執政者，不管是現在的民進黨或過去的國民黨，卻激不起任何的漣漪！仍然還是在狗吠火車！

選前愛台灣　選後挺中華民國

「台灣」各政黨尤其是民、國兩大黨，在選舉時為「愛台灣」、「保台灣」嘶聲力竭且正氣凜然，甚至還跪下親吻著「台灣」的土地，當選後向「中華民國」宣誓就職，他們就用「中華民國」繼續保「權力」享「利益」！也繼續騙騙溫順憨直的「台灣」人民！

德國哲學家康德曾說：「政治是高明的騙術」；當時（約三十年前）立委朱高正引用這句話時，引起政壇的一片圍剿。但這一句話，的確是目前在「台灣」政壇上的真實寫照！

「中華民國」本是中國國民黨（KMT）的神主牌，這個國民黨由於貪污腐敗，被中國共產黨及中國人民推翻趕出了中國大陸，並倉促逃亡到「台灣」，但這個黨未能生聚教訓，卻只能用這塊死亡的「中華民國」招牌，欺騙柔順的台灣人民，更實行黨國的獨裁專制，進行戒嚴及白色恐怖，殘害了不少的台灣人民（也包含了一些當時所謂的外省人），長達約五、六十年，還曾經誓言要「反共復國、解救大陸同胞」，時過境遷，自從連戰開啟「中國」的破冰之旅，及國民黨、新黨、馬英九們的「親中舔共」之後，不少的國、新兩黨人士及軍人絡繹不絕地前往中國朝貢並圖利，現在明顯已是「兩岸一家親」，甚至作為「共產黨」的馬前卒，更在台灣為「中國」武力解放「台灣」的喉舌，時時裡應外合「中國」的文攻武嚇，一起恐嚇「台灣」人民！

如今，這個國民黨沒有什麼理念？也沒有什麼價值？只剩虛擬的「九二共識，一中各表」，但卻被他們心中的祖國－中國的習大大重重打臉地說：「九二共識」就是「一個中國、一國兩制」！而香港在去年「反送中」之後，更於前幾天（十二月二日）將香港眾志三子判刑：黃之鋒（13.5個月）、周庭（十個月）與林朗彥（七個月），這是針對三人去年在反送中抗爭包圍警察總部一案，宣判有罪並即刻入獄！隔天（十二月三日），又以詐騙罪起訴蘋果日報創辦人黎智英，並予以拘捕；因此，專制鴨霸的中國很明顯地只有「一國」沒有「兩制」，而其「九二共識」根本就是「一個中國」！

遺憾的是，蔡英文總統及民進黨完全執政快五年了，卻漸漸遠離了從黨外到民進黨所秉持「勤政、清廉、愛鄉土」及「國家正常化或獨立自主」的「台灣理念與價值」，也繼續欺騙台灣人民，即延續了「中華民國」的死招牌，欲求一舉三得，一足以擋KMT，二可擋中國（共），三則擋建國制憲派；它的確是好用，又可權利一把抓，豈可廢哉？進而更將「中華民國」再加上「台灣」之名，企圖兩邊通吃、左右逢源、共謀其利！並且只想維持「中華民國」黨國體制（總統獨裁制）及「一中憲法」的現狀，只求保住並享受權利！卻不思積極進行憲政、司法、教育、經濟、金融等……的革新，以奠定台灣「自由民主、公平正義、經濟發展、多元文化」的長遠深厚根基！

全球掀「反中抗共」巨大浪潮

近一年來，由於「中國病毒COVID-19」肆虐衝擊下，已經激起了全球以美國為首的「反中抗共」巨大浪潮，更使「中國－China」之名象徵著「病毒」，而世界上民主陣營如美、日、歐洲、澳洲、印度⋯等，更視「中國」為軍事擴張及經濟侵略（如：一帶一路）野心的「邪惡霸權」；因此，尤其是在「華航－China Airlines」及「護照」上的「Republic of China」，要求正名為「台灣」、「TAIWAN」的民意高達85％，結果完全執政的「民進黨」還得死抱著「中華民國」之名，只是加上顯明的「台灣」圖案或象徵！

幾週前（十一月十二日），美國國務卿蓬佩奧（Pompeo）接受訪問時說：「台灣非中國的一部分」，竟然蔡政府的發言人卻講成：「中華民國」為主權國家是不爭的事實」；請看下面Link有關蓬佩奧國務卿被訪談的全文，他只提到「TAIWAN、Taiwanese」，根本沒有講到什麼「Republic of China」「中華民國」，也沒有說什麼「主權國家」！所以這是蔡政府的菜英文？或有幻想症？或斷章取義？或添油加醋？或另有所圖？或兩邊通吃？或想安撫「國民黨」嗎？甚至要安撫「中國」以求降低文攻武嚇嗎？還是為了保住政客們龐大的「中國利益」或自身的「權利」？

請面對真實吧！一個國家的政府及領導人，對於外國尤其是盟邦政府官員或領導人的訪談或新聞，只要真實的面對及回應，為什麼偏偏要將「台灣」套入「中華民國」的死牢籠裡，真是自食惡果、自找死路嗎？這種「假借名義」、「混淆」的心態，實在不應該也令人失望啊！

蓬佩奧清楚表述台灣國家地位

美國國務卿蓬佩奧所陳述的英文還不夠明確嗎？請不要再欺騙台灣人民了！他可是講的清清楚楚，如下列的重點：

（一）「台灣」從來不是「中國」的一部份

（二）「中國」就是「中國」，「中國人」就是「中國人」

（三）「台灣」就是「台灣」，「台灣人」就是「台灣人」

為「權」為「利」，放諸四海皆準啊！這些民、國甚至是民眾、新黨等……檯面上的政客們！只圖「中國利益」或是「追逐或保住權力」並「享受利益」！他們怎麼會在乎「台灣」及下一代子子孫孫的民主、健康及未來呢？

因此，「台灣」人民絕對不能再相信及指望這些貪婪欺詐的政客們，要快快覺醒吧！自己的國家自己救，自己的憲法自己訂，自己的名字自己改，為了「台灣」的「自由民主」、「健康安全」、「公平正義」、「獨立自主」、「尊嚴幸福」的未來，唯有「正名制憲」，才能徹底清除「中華民國」的「一中憲法」及擺脫「中國」的幽靈和毒素，並切斷「中國」內戰的延續，如此才能讓「台灣」成為真正的及國際上所認識的「台灣」：一個自由民主的美麗國家，更讓「台灣」走向自由民主的文明世界裡，為人類的健康安全福祉作出貢獻！

二〇二〇年十二月七日

「台灣」的改革、覺醒與抉擇

楊欣晉

台灣的關鍵問題在於：國民黨共產黨化，而民進黨國民黨化，蔡英文總統與民進黨已經完全執政近五年了，只在維持「中華民國」的「黨國」體制現狀，沒有積極作任何重大的改革如司法、經濟、教育、國土保育、環保及社會資源，因此，在四月二日太魯閣列車的巨大傷亡事件，所顯現的鐵路局及其他國營事業的經營及管理、承包工程的制度及監督、工安管理系統等……，都仍是黨國體制及幫派似組織的延續，也充斥了中國文化的遺留毒素：走捷徑、靠關係、官商勾結、官官相護及馬馬虎虎……等等！

腐爛的國民黨下台後，在民進及蔡政府的主政下，除了「黨國體制」依舊外，從馬的八年及蔡的五年執政的十幾年來，中國資金已經嚴重滲透了並影響或收買了大半的台灣媒體及網路，時時在製造假新聞假資料，並深入各階層甚至軍方及政府人士，更有親中的台灣學者或政治人物，時時在中國的電視媒體上，唱衰「台灣」的軍力不堪一擊，及中國的軍經實力足以與美國抗衡媲美，甚至擊敗美國，不只危言聳聽，更將敵對中國的五星旗在台灣到處飄揚，而統促黨三不五時地示威遊行甚至打人，已經製造了社會的恐慌、對立及不安，更危及了台灣的國安及主權。最近有一件令人不可思議的司法判決：中國籍男子周泓旭與新黨青年軍王炳忠、侯漢廷等人涉犯國家安全法案件，台北地方法院一審於今年（二〇二一）四月二十八日認定檢方舉證不足，判決無罪！像如此接受中資，成立組織並主張及進行與一心想要併吞「台灣」的敵對「中國」統一，竟然是無罪的！因此，我們深深期待蔡政府應積極主動，迅速徹查及立法遏止及防止中資的全面滲透，並將「中國（共）」定為敵對國家，否則，台灣國安、資安、工安……處處不安！

國民黨用「反共復國」及「中華民國」、「九二共識，一中各表」，已經騙了台灣人民七十年了，現在仍舊處在代表「中國」的春秋大夢裡，而民進黨完全執政後，也繼續自欺欺人，繼承「中華民國」即「一中憲法」的黨國體制，只想保住並享受權利，仍然沉緬於國共兩黨相鬥，爭奪代表中國的內戰漩渦裡，真是不知今夕是何年何月何日啊！

當今，全世界民主而強大的國家如美、日、澳、甚至歐盟……等，都已經一致團結且立場鮮明地對抗那「野蠻而專制」，及在南海、台海「軍事擴張與行動」野心勃勃的中國，加以「中國病毒」造成了世界經濟的重創及病亡慘重的大災難！

美國認定台灣非中國一部份

川普總統主政的四年，視中國只有競爭沒有合作，先從「貿易公平」戰，以弱化甚至瓦解中國在世界的經濟掠奪！並加強印太地區的軍事同盟與行動以遏止中國在南海、台海、印度洋及西太平洋的軍事行動與擴張，甚至其前國務卿蓬佩奧（Pompeo）更直接表明「台灣」從來不是「中國」的一部份！致使中國收斂些，且不敢輕舉妄動！而拜登總統上任後，其對中的策略是要競爭又要合作，並尚未直接表達對台灣的明確立場，這種模糊的策略，致使中國在Alaska舉行的美中會議時，敢在美國國務卿Anthony Blinken及國安顧問Jake Sullivan面前囂張並大放厥辭！很顯然地，中國已經露出那「戰狼」的侵略及稱霸世界的野心！因此，拜登總統在以「美國國家利益」為先及美國「民意」之下，在四月十六日與訪美的日本首相菅義偉加強同盟，並在白宮聯合聲明：強調台灣海峽和平穩定的重要性，並對中國採取經濟與其他形式脅迫行為等不符國際秩序的活動表達關切！這也是自一九六九年以來，美日首次提到「台灣」！

而且美國民間由於「中國病毒」的肆虐，加上中國最近在香港、圖博、新疆的人權、民主鎮壓迫害，甚至對新疆維吾爾族的種族滅絕，及在南海、台海的軍事擴張及行動，造成了美國人民對「中國」反感的民意高達79%。因此，最近於四月二十一日，美國參議院外交關係委員會以高票表決（二十一票贊成，一票反對）通過了「二〇二一戰略競爭法案」（Strategic

Competition Act of 2021）：這是動員多種外交、經濟和戰略工具抗衡中國的法案，即將遞交參議院審議。美國眾議員也於四月十九日提出「台灣國際團結法案」（Taiwan International Solidarity Act），該法案指出，聯合國第二七五八號決議承認中華人民共和國為中國在聯合國組織唯一合法代表，但未處理台灣與台灣人民在聯合國或周邊組織代表權的問題，也沒有在「中華人民共和國」與「台灣」關係上採取立場，或包含任何關於台灣主權的聲明；由此再度明確指出：「中華民國」或「中國」與「台灣」是沒有任何在主權及歸屬上的關係！

蔡政府自陷「中華民國」現狀牢籠

即使那邪惡鴨霸的中國天天用戰機戰艦，甚至越過台灣海峽中線，軍事武嚇並一心想併吞台灣，可嘆的是，蔡總統只想維持「中華民國」的現狀，而陸委會卻自慰得意於「中（華民）國台灣」的模糊戰略，甚至向中國低聲示好，期盼在疫情後迅速恢復兩岸經貿的交流！所以民進黨執政的陸委會，竟然仍將「台灣」老是套入「中國」的牢籠裡，甚至繼續維持或加強與「中國經貿與利益」的交往，如此自投羅網、自作孽不可活，神仙也難救啊！而最近美國發現：中國的超音速雄風一七飛彈裡，竟然用的是台積電的晶片！

美、日、澳、英、歐盟尤其是美國已經從貿易、經濟、科技、資訊、軍事上全面反中，看看台灣除了「維持『中華民國』體制」現狀外，內部仍然糾纏在「中國情結與利益」的矛盾裡，根本缺乏「台灣生命共同體」及「台灣國家共識」，如果台灣仍在這種敵我不分，缺乏團結自保及「反中保台」的行動與決心，又如何取信並得力於國際上以美、日、澳、紐、印、歐盟等……民主同盟「反中抗共」的這一股巨大的力量呢？而美國勢將難以出售先進軍事武器給予台灣（唯恐其技術落入中國手裡！）？台灣也不要一味的自滿自傲有「護國神山」的台積電，但如果與中國沒有敵我之分，我們更憂心的是：這「護國神山」那一天是否可能變成「滅台土山」呢？

綜觀言之，世界上以美、日、澳、印及歐盟（英、法、德……）為主的民主國家，已經共同形成了「反中抗共」的印太軍事甚至經濟同盟，以遏止中國的經濟掠奪及軍事擴張，因此在這歷史的關鍵時刻，我們深深呼籲台灣的政府、各黨派與人民覺醒吧！不要糾纏著已經死亡的「中華民國」──這已被「中國」在一九四九年所消滅的政權，更要認清「中國」軍事擴張，及一心想要併吞「台灣」的野心，大家團結一致，政府則應致力改革，強化國防、科技及加強經濟發展與國際化，深化民主、人權、自由，及台灣的多元文化，共同守護「台灣」以建立「台灣生命共同體」及「台灣國家共識」，並且抉擇加入國際「反中抗共」的印太軍事民主同盟，以確保台灣的自由、民主與未來，穩健力行「正名制憲」，讓「台灣」走向正常化的國家，積極參與國際組織，並致力貢獻於世界的和平與文明，及人類的健康與福祉！

二〇二一年五月七日

談權力的迷思——一段往事的追憶

廖天琪

讀到蔡詠梅文章〈我們和毛粉是兩種人〉，她說人跟人之間即便有共同的歷史記憶，但是由於有「不可逾越的價值鴻溝」，對人物的價值判斷就有巨大的差別。詠梅文中提到的一個細節：

「希特勒一位御用攝影師的女兒有機會經常見到希特勒，和希特勒聊天喝咖啡。她是位有同情心的女子，有次見到希特勒說，她在荷蘭阿姆斯特丹親眼見到猶太人受到虐待，很可憐，問希特勒是否知道，希特勒立刻勃然大怒說，那些猶太人與你有什麼關係，從此不准這位女子再在他身邊出現。」

多麼奇妙，筆者竟然跟這位「有同情心的女子」見過面，她名叫亨利耶特・荷夫曼（Henriette Hoffmann, 1913~1992）。亨利耶特的父親亨利希・荷夫曼（Heinrich Hoffmann,

1885~1957），確實是希特勒的專職攝影師，當年他的女兒亨利耶特十分活潑可愛，經常跟在父親身邊，所以時常有機會見到希特勒。

希特勒麾下的金童玉女

一九三三年納粹黨執政，希特勒登上總理寶座，從此將德國轉變成為一黨專制的納粹獨裁國家（NS-Staat, Nationalsozialistischer Staat）。希特勒很知道抓住青年一代有多重要（毛澤東大概也師承於他吧），一上台就加強青年組織，他任命了一個貴族青年巴杜爾·馮·席拉赫（Baldur von Schirach1907~1974）來擔任領銜職務，讓他成為「德意志帝國青少年領袖」，等於是青年部部長。席拉赫出身於有文化教養的貴族世家，因此在職位上發揮了很重要的主導角色，他將帝國所有青年都納入希特勒青年團，將青少年的教育權牢牢地控制在手中。席拉赫本人在大學曾學習德國文學和藝術史，特別喜愛文豪歌德的作品。這名位高權重的青年領袖，於一九三七年做了一場關於歌德的演講，把這位自由主義大文豪的思想演繹解說成了納粹教育的精神主導，他的演說受到宣傳部長戈培爾的讚賞，將之印刷成小冊子，題目是《歌德對我們說——一位德國偉人的永恆思想》（Goethe an uns- Ewige Gedanken des großen Deutschen），這本小冊子裡還引述了許多歌德的名句，成為當時青年們的必讀之書。大文學家被獨裁閹割曲解利用，這種例子在歷史上層出不窮，不過拿歌德做宣傳畢竟比拿希特勒思想做宣傳要好很多。

話說年輕的巴杜爾少年得志，他看上了經常出現在眼前的希特勒攝影師的女兒，比他小六歲的亨利耶特，這對金童玉女就於一九三二年結婚了，那一年她才十九歲，而他不過二十五歲。一年之後巴杜爾就被登上權力高峰的希特勒任命為帝國青少年領袖，等同部長的級別。在未來的不到十年之中，他們生育了四個孩子，安吉莉卡、克勞斯、羅伯特和理查德。最小的理查德（Richard von Schirach）出生於一九四二年，三年後的一九四五年，納粹節節敗陣，希特勒自殺，二戰終結。在紐倫堡大審的法庭上，有二十四名納粹的高級官員和將領受審，其中就有理查德的父親巴杜爾·馮·席拉赫。由於席拉赫從一九四〇年起直到戰爭結束，都擔任維也納大區的帝國領導人，所以將十八多萬維也納猶太人送到集中營的罪責得由他來承擔，他被判「反人類罪」，獲刑二十年，一九五〇年他在獄中就跟妻子離婚了。

台大中文系的兩個德國人

理查德是個漂亮的小伙子，從小因父親的關係，心中受創很深，但是畢竟家族的根底深厚，並無經濟上的窘迫。但是他說他們住在慕尼黑的洋房中，門牌上經常被人塗上黑漆，或噴上SS（納粹黨衛軍）的符號。理查德後來讀漢學，學習中文，取了一個中文名字——奚來侯，他到台灣來留學，進入台大中文系，聽葉嘉瑩老師的課。他常常為自己的中文名字感到尷尬，奚來侯（西來猴）有些不雅，問葉師是否應該改名，葉嘉瑩微笑著點點頭，不過也並沒有為他另賜新名。

當時筆者在外文系就讀，認識了同在文學院上課、後來的丈夫馬漢茂（Helmut Martin）。漢茂也在中文系聽台靜農、鄭騫、葉嘉瑩的課，兩個德國人自然就成為摯友，後來他倆一同租了台大後面羅斯福路小巷中的一所屋子，院子裡面花木扶疏，頗有意趣。通過漢茂，我因此也就認識了奚來侯——理查德。我們常常一道到碧潭划船、郊遊，或到校園旁邊，退役老兵開的小店裡吃炸醬麵或山東水餃。

台大畢業那年冬天，我和漢茂結婚，證婚人之一就是理查德。次年我們到日本京都的「一乘寺」住了大半年，漢茂在撰寫一篇梁啟超的論文，我則在京都人文研究所搜集錢鍾書的資料，每天黃昏我們都到山上去散步，山上的寺廟多多，如曼殊院（まんしゅいん）、詩仙堂（しせんどう）還有一些名字都記不得的小神社和廟宇，上山的步道上佈滿青苔，夾道林蔭深處的廟宇古樸蒼涼，內心立刻沈靜下來，感覺上似乎可以入佛參禪。

初次踏上歐洲大陸

那個一九七〇年的冬天，我們結束了日本的旅居日子，我嫁雞隨雞要跟著漢茂到德國去。但是漢茂應邀參加一個在夏威夷舉行的國際性關於梁啟超的研討會，所以我們分頭上路。他去美國，我則收拾行李，路經香港，準備飛到漢茂母親居住的科隆市。在香港時，恰巧理查德也正結束他的亞洲之行，我們就結伴搭機，飛往比利時的布魯塞爾，在那裡他的家人會來接機。我在台灣長大，第一次出國門，日本的生活讓我大開眼界，但是到西方，這還是頭一遭，有友人護駕，心安不少。

抵達布魯塞爾機場，一出關，三位高大的歐洲人親熱地迎上來，他們緊緊擁抱理查德。其中一位是個中年女人，一頭銀褐色長捲髮，頂上一襲小帽，人高馬大，過膝的長裙罩在長筒皮靴上，披著斗篷，像是西洋畫裡面走出來的人兒，她二話不說，將我摟住親吻我的雙頰，拍拍我說道：是天琪，對吧？這就是理查德的母親亨利耶特。她那時雖然已經不年輕，身材氣勢卻出奇地出眾，萬綠叢中一點紅，站在人群中非常醒目。理查德的律師哥哥克勞斯，英俊挺拔，他身邊的金髮妻子年輕貌美，身材高挑，這一對璧人站在年紀大的母親旁邊，竟然都不如她搶眼。他們住在南德的慕尼黑，開了幾百公里的車來接了我們，然後再繼續開車將我送到科隆漢茂母親瑪莉妮絲家。

小女子向「領袖」告狀被怒斥

科隆初次會面的那一個場景給我留下深刻的印象，當我們一行人下車，按了門鈴，門開之處站著我那位溫文爾雅的婆婆，她親切地擁抱我這首次謀面的兒媳，並和理查德握手。當理查德將他的母親介紹給我婆婆時，令我驚訝的一幕發生了，瑪莉妮絲竟然對亨利耶特行了（宮殿式的）屈膝禮，態度十分謙恭，然後才跟她握手，並請客人入室。大家寒暄了一會兒，喝了一杯茶，他們就告辭，繼續趕路回慕尼黑了。我當時並不明白，也不在意這些細節。幾年之後有一天，我們和漢茂的母親和妹妹們一起過聖誕，談話的內容涉及到他父母親戰時的經歷，瑪莉妮絲突然說，我真高興有機會見到亨利耶特．馮．席拉赫，這還要感激天琪呢。漢茂妹妹伊娜很輕蔑地說，怎麼啦，她不就是納粹一伙的嘛。瑪莉妮絲正色說：不可以這樣說，她是個奇女子，也很勇敢呢。原來我婆婆讀了年前亨利耶特出版的一本自傳體的紀實小說《榮耀的代價》（Der Preis der Herrlichkeit, 1975），其中有一段描寫她在戰爭期間旅經荷蘭，在阿姆斯特丹的街道上，看到納粹怎樣凌辱虐待猶太人，銷毀他們的箱籠財物，心中震撼。再次見到希特勒時，她就「告狀」，沒想到被「領袖」怒斥，以後她再也不敢提有關猶太人的問題了。直到戰後她才逐漸知曉納粹在集中營絕滅人性的行動，覺得情何以堪，當初竟然如此幼稚無知，還真以為希特勒是偉大人物呢。

「權力」的迷思

如今斯人已經作古，但是人們對「領袖人物」、「權力」的認知、認同，其中微妙的關係，還是一個背後隱藏著各種迷思的題目。為什麼那些已經有定論的魔頭，依然被某些人當成偶像崇拜呢？擁有大小「權力」的人，身上總是被一種神秘的氛圍包圍著，有時候不容易被識破，能善用「權力」來為人類和世界做出貢獻的人值得人尊敬，但是濫用「權力」作惡的人，往往頭頂有一種迷惑人的光環，特別是當此人還在人世，發揮作用時，更能蠱惑誤導眾生，唯有蓋棺論定時，才好辨認。但是也要由史家和專家來「驅魔」，將他們誘惑人的假面具揭下，才能讓人們看清楚真相。像毛澤東這種魔頭雖然屍骨已寒，剩餘價值還在，所以仍然被中共政權奉為神明，有些中國人被徹底洗腦，那麼還有「毛粉」也就不足為怪了。

二〇二〇年十二月二十九日

獻給蘇菲的白玫瑰——反抗納粹終不悔

廖天琪

如果她沒有死，今（二〇二一）年五月九日剛好是她的一百歲生辰。蘇菲．蕭爾（Sophie Scholl, 1921.5.9~1943.2.22）卻在花樣年華的廿一歲上死去。做為一個反抗納粹組織「白玫瑰」的成員，她在散發反納粹的傳單時被捕，幾天之後跟她的哥哥漢斯和同道青年，一同被判死刑，立即送上斷頭台，身首異處。

德國的「聖女貞德」蘇菲．蕭爾

蘇菲．蕭爾是德國的「聖女貞德」，在許多德國人，特別是年輕世代眼中，她比巴哈、貝多芬、歌德甚至愛因斯坦都更令人尊敬和愛戴。今年在她百歲誕辰的日子，德國各地有許多紀念活動。事實上，她和漢斯的名字在這裡是家喻戶曉，許多學校、道路、廣場甚至文化館都以他們的名字命名，還有以她兄妹為名而設立的獎項。他們母校慕尼黑大學以蕭爾兄妹來命名政治學院，慕尼黑公墓的墓地經常有人獻上白玫瑰鮮花。影視界也有很多作品以二人的故事為主題。青史留名，代代相傳，他們兄妹是現代人的楷模。

蘇菲是一個出生在優渥環境中的女孩，成長過程中一直受到呵護，由於父母和兄長思想的開明以及基督教信仰的薰陶，使她對人和神的聯繫、人的權利和尊嚴有著敏感而直覺的敬畏。其實蘇菲是個樂觀而健康的女孩，她喜歡藝術、繪畫，但是對哲學和神學也有興趣。少女時代她跟隨長她三歲的哥哥漢斯（Hans Scholl, 1918~1943）參加一些青年運動。要知道，納粹於一九三三年上台之後，在三十年代組建了許多的青年活動團體，每個青少年都有義務參加，直接接受納粹的宣傳教育。漢斯和蘇菲都曾經分別是希特勒青年團和德國女青年聯盟的成員，但是他們有一些思想敏銳而前衛的朋友，通過這些具有政治異見的師友，他們逐漸認識到希特勒的獨裁統治是如何跟基督教和自由主義精神背道而馳的。

反希特勒的祕密組織——白玫瑰

蘇菲和哥哥漢斯都是慕尼黑大學的學生，她主修哲學和生物，漢斯學醫。一九四二年漢斯和友人史莫瑞爾（Alexander Schmorell）、格拉夫（Willi Graf）、普羅布斯特（Christoph Probst）都被徵調到戰線上短期服役，親眼見到德軍在波蘭、俄國的暴行和華沙「猶太人隔離區」（Ghetto）的絕滅人性的做法。這些年輕人都是反希特勒的祕密組織——白玫瑰（Die

Weisse Rose）的成員，這個以基督教和人文思想啟蒙為主的反抗組織中，有許多慕尼黑大學的學生和教授，漢斯算是組織創辦人，他讓妹妹蘇菲也加入，她很快成為其中的骨幹。「白玫瑰」的主張是非暴力的，這些青年學子以文字為「武器」，暗地撰寫、油印反政府傳單，並且以隱密方式，郵寄或丟入郵筒，塞進門縫，散發給知識界的師生和普通民眾。

關於「白玫瑰」這個名字的來源，漢斯被捕，在被審問時，只說是隨意取的，沒有特別意義，也許他是為了保護於此有涉的同志，才這麼說。另外一種說法是，他讀過德國作家塔爾文（B. Traven，真名 Otto Feige，一八八二～一九六九，一九二四年就移居墨西哥）於一九二九年寫的一本小說，關於印地安人被美國石油公司強佔資源土地的故事《白玫瑰》（Die weiße Rose），很受感動和啟發，所以為自己創辦的反抗組織取了這個聽上去沒有政治意味的名字，也算是一種掩護吧。

理性的思維，感性的呼喚，危險的行動

「白玫瑰」傳單內容的思想性很強，畢竟都是一些讀書人和有宗教信仰的青年們，他們往往引用很多聖經裡的警句，或哲學家亞里斯多德以及文豪歌德和席勒的言論。但是他們的表述卻很直白，並且直接訴諸感性的呼喚，比如：「難道有文化的德國人受這樣不負責任的黑幫統治不感到羞恥嗎？」「國家從來就不是目的，當它能讓人類實現高尚目標時，才有意

義。任何國家如果阻止個人發揮進步的思想，它就是有害的。」「每個人都希望對於此類的（法西斯）行為被宣告無罪，人人都希望以平靜的步伐和良心走完人生之路，但他不會被宣告無罪，他將有罪、有罪、有罪！」

白玫瑰的成員從一九四二年夏天到次年二月一共印製了六次反政府宣傳的傳單，每份都只有兩三頁長，是用打字機打出來，然後油印機複製，每次印的數量從六千至九千份不等。在慕尼黑製作的傳單被偷偷運出，並散發德國全境從北到南，由東到西，不論書寫、打字、油印乃至發散，都是冒著極大生命危險的行動。

第一份傳單的口號——「不論你身在何處，用消極抵抗的方式起來反抗吧！」

第二份傳單的口號——「到了最後關頭，消滅這堆褐色穢物！（褐色代表納粹）」

第三份傳單的口號——「我們今日之『國』是邪惡的獨裁！」

第四份傳單的口號——「我們不沈默，白玫瑰不容你們片刻安寧，拷問你們的惡之華！」

第五份傳單的口號——「希特勒不會戰勝，他只在拖延時間！」，這份傳單出自漢斯的手筆，由音樂家兼哲學教授胡伯（Kurt Huber, 1893~1943）修改。

第六份傳單的口號——「審判的日子到了，德國青年們齊來審判對人民犯下深重罪孽的殘暴政權！」

以身飼虎，散發「反動傳單」

這第六份，也是最後一份傳單是胡伯教授於一九四三年二月執筆，傳單製作完畢，「白玫瑰」將它於二月中四處散發，傳單被偷運到德國許多不同城市，出現在很多地方。二月十八日那天，蘇菲和漢斯兄妹提著一箱子的「反動傳單」，將一疊疊的危險物置放在慕尼黑大學各個教室門口及走廊上，要讓下課的學生看到後取閱。他們分別放置了絕大部分後，已經要走出學校的大樓，發覺箱子裡還剩餘一些，很不甘心，於是重返樓裡，蘇菲甚至直接跑上二樓，將傳單從上面撒下，頓時紙張飄飛，佈滿了大樓的中庭。這樣的大動作，兩人立即被管理人發覺，當場抓住，立即呼叫蓋世太保來，將他們拷走。一般散發反政府宣傳品的工作，是需要謹慎而保密的，他們已經做過多次，為何這次兩兄妹要這樣明目張膽地暴露自己，等於把自己送入虎口。筆者查了很多資料，發現至今史家也沒有給出一個能夠令人滿意的說法。

斷頭台結束了他們年輕的生命，「白玫瑰」凋零

他們被隔離並被長時間地審訊，蘇菲在法官面前，並無懼色，她嘗試把一切責任攬在自

己身上，她說：「總得有人走在前頭，我們所寫、所說的，被很多人接受並認同，只是他們不敢表達出來。」四天之後的二月二十二日，蘇菲、漢斯和普羅布斯特三人，被人民法庭的劊子手法官費斯勒（Roland Freisler）以「蓄意叛國」的罪名，判處死刑。數小時之後就被送上了斷頭台。十九世紀法國大革命時，往往在公開場合，以嗜血狂歡、萬人空巷的方式，在斷頭台上砍人頭示眾。二十世紀二次世界大戰期間，有的是各種殺人致命的武器，卻仍然用這種侮辱人、恐嚇人的方式來對付年輕的異議反抗者，足見納粹黨的血腥、狂妄和非人性。

蘇菲、漢斯兄妹死前，父母獲准去探望他們，母親對蘇菲說：「你心裡要想著耶穌。」蘇菲說：「母親，你也一樣！」她無懼地走向斷頭台，據說她最後的話是：「在這陽光燦爛的日子，我要走了。如果千萬人記得我們的犧牲而覺醒，並有所行動，我的生命何以足惜。」

他們死後，納粹大肆抓捕「白玫瑰」同黨，主要的幾個人物全部落網。第二輪審判在同年四月十九日，胡伯教授、史莫瑞爾和格拉夫三名師生一同受審，也都判了死刑，胡伯教授和史莫瑞爾於當年的七月，格拉夫於十月，皆以斬首方式處死。白玫瑰反抗運動至此告終。

「白玫瑰」運動今日的意義

如同清末義士秋風秋雨愁煞人的秋瑾，二十一歲的蘇菲死於花飛花落，陽光絢爛的二月，她慷慨赴義，以啟後人。可惜蘇菲純潔勇敢，卻也過於「天真浪漫」，以為用自己的鮮血，可以激發同學們的熱情和義憤，能夠揭竿而起反抗納粹暴行。然而，現實如此殘酷無情，當她兄妹三人在斷頭台上血濺五步的同時，慕尼黑大學的大禮堂內聚集了三千名學生，他們正聆聽黨棍校長烏斯特（Walther Wüst）——一個忠於納粹並身兼黨衛軍官員身份的御用學者，在做訓話。他說：「我們的學生今日共聚一堂，在此不尋常而令人動容的時刻，你們對那三個叛國者的行為表示蔑視，同時你們也要表現自己對領袖和人民的堅定信心和效忠。」他的發言得到了如雷的掌聲！

一九四三年二月二十二日真是歷史最諷刺的一日，也是人類最卑賤懦弱無恥的時刻。

回顧這一段德國的歷史，筆者有許多感觸，古今中外人性都無分軒輊，有高貴也有低賤，有勇敢也有懦弱。專制獨裁的手段也都雷同——暴力、恐懼、欺騙，而歷史往往換湯不換藥地在重複。好在年輕的秋瑾和蘇菲死時似乎悲壯寂寞，但都沒有白死，名留史冊，千萬人景仰。我們紀念她們，自然也從中汲取了教訓：

——歷史是由少數人寫下的，有暴君獨裁，就有英雄勇士。

——在暴政之下保持沈默，只求明哲保身的芸芸眾生，一樣有罪！

——「愛國者」往往是「愛國賊」，「叛國者」往往是仁者、勇者。

——國家不一定要愛，黨、領袖更不能愛，愛的對象只能是真理、正義、善良、自由。

——納粹「叛國罪」這個詞，就等同中共的「顛覆國家政權罪」。

——極權之下無法治。納粹法官是希特勒的幫兇，中共的法治人員也是權力的走狗。歷史將記下你們的惡名。

二〇二一年五月十三日

從萬湖會議聯想到「延安講話」

廖天琪

記憶文化是社會倫理的基石

記憶文化對一個民族和國家十分重要，這裡的記憶指的是集體記憶，也可說是一個社會的文化記憶。法國的哲學家、心理學家莫里斯．哈布瓦赫（Maurice Halbwachs, 1877~1945）在上世紀二十年代最先提出這個概念，德國的人類學者揚．阿斯曼（Jan Assmann, 1938~）長年研究埃及、希臘等古代文化，他將人類古代的記憶空間跟納粹第三帝國給人類遺留下的慘痛教訓相結合，和他妻子阿萊達共同提出了「文化記憶」理論。文化記憶雖源於一個社會先前的歷史，卻具有重要的現實意義，它是塑造當下社會認同和倫理的基礎。

筆者在德國生活近半個世紀，注意到今日德國能從上世紀歷次犯下的戰爭罪責的陰影走出，掙脫法西斯和共產主義極權桎梏的牢籠，而成為一個自由而陽光的民主國家，受到國際的尊重，這跟德意志民族具有的基督教懺悔精神和深入人心的記憶文化有極大的關聯。

八十年前的萬湖會議是永恆的傷疤

八十年前的今天，一九四二年一月二十日在柏林市郊一個美麗的湖畔舉行了一個改變世界的政治會議，就是所謂的「萬湖會議」（Wannseekonferenz），這個由納粹政權裡的十五名高級官員所參與的會中，由蓋世太保的頭面人物萊因哈德．海因得利希（Reinhard Heydrich）領銜，作出了屠殺歐洲猶太人的決定。其實「反猶」的意識千百年來就潛伏在基督教文化圈中，希特勒早在一九二五年發表的自傳《我的奮鬥》裡面，就宣揚了這種反猶太主義。而德軍一九四一年六月二十二日入侵蘇聯時，納粹就已經鐵了心要進行大屠殺，只是在萬湖會議中，他們討論了具體行動綱領，要將歐洲所有猶太人集中起來，並運送到東邊的地域，最終斬草除根，消滅這個民族。他們極為細緻地統一部署全過程的操作和後勤工作，也就是規劃「猶太問題的最終解決辦法」（Endlösung der Judenfrage）。最可怕的是日耳曼精準和有系統高效率的精神，在這項「工程」上發揮到了極致。後來殺害了六百萬歐洲的猶太人，卻也把歐洲人，特別是德國人推入了萬劫不復的罪惡之中。

今日清晨，尚在睡意朦朧之時，慣性地打開收音機，六點鐘的新聞裡，一是報導德國疫情，每日感染人數超過十萬；二是俄國在烏克蘭邊境駐防大軍，情勢緊張；三就是八十年前今日的萬湖會議所做的猶太種族絕滅決定。這就是德國式的記憶文化，一年之中有許多日子是德國人的歷史犯罪日。社會的公知和媒體一點都不放鬆，真做到「年年講，月月講」，不斷揭開傷疤，讓年輕一代的人知道自己民族的罪責，這是唯一能療癒心靈創傷，並且避免悲劇重演的方法。

中共犯下「反人類罪」

由此我想到中共一九四九年統治中國以來，對自己人民所犯下的「反人類罪」，真是罄竹難書，但是中共的「光偉正」形象不容被質疑，歷來的統治者都是層層加碼，掩蓋真相，淹沒過往的罪孽，試圖抹煞人們的記憶。其實在今日的數據化時代，現當代的歷史都有書籍、影像和數據化的記載，跟百年前那種口口相傳，僅憑人證物證的情況大相逕庭，中共犯下的絕滅人性、愚昧殘暴的罪惡史，根本無法被否認，證據不能被抹滅。大陸人能被騙一時，一旦他們接觸到中國境外煙如瀚海的資料時，他們會覺悟的。始作俑者的犯罪者如今還掌控著國家權力，並且運用一切手段來掩蓋和竄改歷史。中共統治國人長達七十年，中國的知識份子都患了軟骨病，有的被收買，有的在威逼利誘之下，出賣靈魂換取了物質的享受，沒有人敢講真話，少有人站出來批評問責政府。真正的硬骨頭不是在獄中死去，就是監禁終生，還有一些也只能噤聲。

百名文人手抄「延安講話」

毛澤東以後的幾代接班人，還多少顧全一點面子，但在習近平時代這種禁錮思想的壓力山大，一切探討研究歷史真相的工作都是「犯罪行為」。在政府壓力之下，知識份子被逼扮演「幫兇」的丑角。猶記毛澤東一九四二年五月發表的那篇「延安文藝座談會上的講話」，是加在文人頭上的緊箍咒，幾十年來中共依據這份老皇曆的毛式「聖旨」迫害知識份子，讓文藝變成政治的奴隸婢女。在該「講話」發表七十年之後的二〇一二年，作家出版社別出心裁，發動由一百名文人手抄「延安講話」。從前人手抄佛經，以表虔誠向善、懺悔、許願等心意，而今出版社匯一千元人民幣的酬金，就買下了大部分文人的良知、尊嚴和靈魂。

作協主席鐵凝立即焚香恭錄，老黨棍子賀敬之含淚握筆也就罷了，無法想像知名作家如王蒙、賈平凹、莫言、馮驥才、韓少功、蔣子龍等人都名列「光榮榜」，這些人中有一些是筆者認識，有過交往的，他們曾經自稱是文革浩劫的受害者，曾經以寫作來表達一個受害者的屈辱和痛苦，像馮驥才寫的《一百個人的十年》就是對文革的控訴，那麼今天他們都過上「幸福日子」，就忘了以往的傷痛和侮辱嗎？如果再來一次另類的「文革」，他們是否就會加入「加害者」的強者行列去壓迫「低端人口」呢？

起高樓、宴賓客、樓塌了

中共對西藏、新疆、蒙古地區進行的文化滅絕政策，對香港法治、媒體和人權的干預侵犯，對台灣的磨刀霍霍，之所以能如此囂張狂妄，是因為大陸社會上沒有民間的正義聲音，有的是盲目狂熱的漢民族主義者，大陸的公知也保持沈默，倒是那些高級「五毛」在為「偉大領袖」、「偉大祖國」吹捧抬轎。記憶文化在中共的橫掃之下，完全喪失。今日的共產中國媚俗、涼薄，跟有五千年文化傳統的中國無關。眼看它起高樓，眼看它宴賓客，眼看它樓塌了……我們等待這一天的來到。

二〇二二年一月二十一日

「反對戰爭」是海峽兩岸人民的唯一選擇

田牧

世俗常理，誰家貴客盈門，與周邊鄰居並不相干，和平相處，各走一邊。國際媒體都在驚詫地報導：民主台灣新近多了一些美國與歐洲的訪客。九月十七日，美國主管經濟、能源和環境的副國務卿柯拉克（Keith Krach）訪問台灣，北京政府便按捺不住了，每日派遣大批戰機繞島挑釁與威嚇。世人不明白的是，國家之間的交往與互訪，是台灣的主權使然，是台灣人民的接客待客之道，因何招惹得中國政府如此憤怒與狂躁？

面對眼下解放軍在海峽兩岸製造的緊張局勢，台灣電視節目上反映了這樣的一幕情景，百姓已開始憂慮與詢問：「會不會打起來？」有台灣媒體人肯定式判斷：「中美必有一戰，戰場一定在台灣！」台灣人民似乎已預感到了「戰爭的腳步聲」，一時間懼怕與恐怖的陰霾籠罩著海峽兩岸的上空……

人民該幹什麼？害怕與恐懼是下下策，讓我們與人民共同選擇上上策：反對戰爭！反對一切戰爭！

戰爭是人類的罪孽

什麼是戰爭？德國軍事家克勞塞維茨（Carl von Clausewitz, 1780~1832）認為，「戰爭是政治的延續」，也就是說戰爭只是政治家的遊戲，是統治者手中政治和外交的極端手段。從現代社會來看，挑起與發動戰爭的，並非是軍人，通常是那些利令智昏、利欲薰心的政治家。他們通過武力手段，壓制對手的精神與意志，迫使對手歸順與降服。戰爭的目的，無非是謀求霸權，占領疆域，掠奪資源等。

所有的戰爭中，人民最無辜，受害者終究是人民，戰爭勝負任何一方的人民，都是受害者，不同的只是遭遇傷害程度的輕重而已。

世界人民應該清醒了，政治家口中再崇高的戰爭理由、追求與目的，與人民並不相干，人民只會在戰爭中顛沛流離、饑寒交迫，承受無盡的苦難。

我們這代人都經歷了中東幾十年來的戰爭，我們看到清除了薩達姆、卡紮非獨裁政權等，但是人民付出的生命代價不可估量，讓我們看看戰爭死亡的不同統計：

世人皆知，問題是至今中東地區仍未安寧，戰爭與暴力還在持續，饑餓、逃難與死亡連綿不斷，看看土耳其、希臘與歐洲各國大批湧進的中東難民，這難道是中東人民所追求的生活與希望嗎？

戰爭不該在海峽兩岸爆發

今年以來，中國媒體「武統」的喧囂不絕於耳，而且列出了不少理由。美國ＣＩＡ前副局長預測：「中國恐趁二〇二一年初美國總統交接，武統台灣。」德國有學者斷言：「現在是攻台最好時機」。台灣島內也是「首戰即終戰」的警報聲聲……

筆者曾在《民報》寫過「台灣離戰爭有多遠」，文章主旨不認為海峽兩岸會發生戰爭，即便在今天的情勢之下，筆者還是不認為海峽兩岸會爆發戰爭，至少沒有直接對衝碰撞的理由：

（一）從中共「統一」的初衷來說。習近平在《告台灣同胞書》中，強調了「中國人不打中國人」與「和平統一，是平等協商、共議統一」。古人都知曉「國家的盛衰，在於人心向背。」而如今超過80％的台灣人民是反對「統一」的，相信大陸人民決不願意看到解放軍的槍炮去屠戮台灣同宗同族同語言同文化的人民，這足以說明「武統」是絕對違反民意，違反人道的行為。

統計資料來源	戰爭死亡人數
伊拉克家庭健康調查（2003~2006年）	15.1萬餘死亡
柳葉刀（Lancet）雜誌調查（2003~2006年）	60.1027萬例
美聯社（2003~2009年）	11.06萬餘例
伊拉克死亡統計網站（2003~2010年）	衝突造成9.5888萬~10.4594萬名平民死亡

（二）從「武統」的戰爭性質來說。「武統」是一場不可預知的戰爭與屠殺，只會造成兵戎相見、血流成河，這個世界誰能接受這樣的滔天罪行？這還是「統一」嗎？只會造成更為深重的社會分裂，造成兩岸人民的代代血海深仇，與中共所謂的「統一」初衷，完全是背道而馳的，是在犯罪，可定義為違反和平罪和危害人類罪。

（三）從戰爭造成的社會災難來說。發生在伊拉克、利比亞等的戰爭，盡管理由充足，目標崇高，消滅了獨裁政權。但這場戰爭的結果，不僅至今無力解決戰後的社會安寧，經濟發展，而且一直是戰火不熄，民不安枕，哀鴻遍野，民生凋敝，釀成中東地區連年的悲慘災難。台海兩岸人民決不允許重演這樣的災難！

（四）從搖搖欲墜的中共政權來說。中國政府面臨的問題積重難返，國際上美中對峙衝突，近期德國歐盟緩解美歐緊張關係，也開始積極調整措施，推進「印太行為準則」，向美傾斜，英國、日本、澳洲等，終將回歸西方同盟，以民主價值觀為核心重新聚集起來。從中共內部來說，香港「國安法」引發的社會震盪；維吾爾「集中營」人權案繼續發酵；陳年的西藏民族問題；新近發生的內蒙古文化與語言，其實也是民族衝突的舊話題；持續了四十年的自由民主運動、維權、宗教運動；特別是中共體制內，由「紅二代」領軍，掀起的新一波「倒習」運動等，真可謂是「山雨欲來風滿樓」，老共本身面臨著四面楚歌，是不是壽終正寢也很難說，這樣的狀況如何再能挑起戰火，去捅自亂陣腳的馬蜂窩？對中國政府來說，最佳選擇就是尊重台灣人民的意願與選擇，尊重自主獨立已七十餘年的台灣政府，敬畏與現代文明無縫接軌的民主制度下的台灣。倘若要追求兩岸「統一」，只能是「平等協商、共議統一」，「和平統一」是上上策，也是唯一的選項，沒有之一。

不是誰拳頭大就聽誰的

這些天來，聯合國舉行第七十五屆大會。習近平在發言中說道：這個世界「不是誰拳頭大就聽誰的」，誰都知曉，此話是衝著美國說的，希望此語不僅是教育於人，也是克己為仁。

印度一直在中印邊界上挑戰解放軍，中國政府懼怕印度，一忍再忍。但是解放軍千不該，萬不該，轉身以老拳去恐嚇與敲打台灣，這些天接二連三軍機繞台，飛越台海中線，實施威逼與恐嚇戰術。誰都看清了中共的伎倆，色厲內荏，在美國那裡遭到打壓、欺辱與挑釁，無可奈何，轉身卻衝著台灣撒氣，去威脅與恐嚇，鬧一齣欺軟怕硬的蹩腳戲，嗚乎哀哉！

習近平在聯合國的發言中，一言九鼎，承諾連連，自吹自擂，儼然以「負責任大國」自居。希望中國政府言行一致，為台灣的安危，為兩千三百萬人民，多多擔憂，為兩岸的和平穩定發展，多多思考，謹言慎行！即刻停止連續對台灣的武力威脅與騷擾！自我約束，謹記「不是誰拳頭大就聽誰的」。

戰爭是人權災難的最大禍根

全球人民為《世界人權宣言》感動而信服。

——人人生而自由，在尊嚴和權利上一律平等，應以兄弟關係的精神誠對。

——人人有資格享有本宣言所載的一切權利和自由……。

——人人有權享有生命、自由和人身安全。

但是，統治者、政治家們在發動任何一場戰爭時，是否思考過一個最崇高的信念，戰爭顧及了人民的自由與人權，及生命權嗎？聯合國、國際社會有沒有對中東戰爭喪失生命的人民有個結論與交待？沒有，完全沒有！難道《世界人權宣言》只是政治家手裡的一個玩具？

反對戰爭，就是維護人權，不僅台灣人民要挺身而出，每一個中國人也都應該挺身相助，支持與擁護「反戰運動」，維護海峽兩岸的和平與發展，兩岸人民人人有責！

二〇二〇年九月二十五日

從「互不隸屬」說起

田牧

難以置信，一百餘年後的「辛亥革命」，居然成為國際性話題，怕是九泉下的中山先生都被驚醒了。

十月九日，習近平關於台灣問題講話，（一）再次重申「統一台灣」不可動搖；（二）強調了打擊「台獨」分裂勢力不手軟；（三）台灣問題不容任何外來干涉！大有最後總動員與通牒之意。

十月十日「雙十節」，蔡英文總統發表演說，關於兩岸關係，台灣「永遠堅持自由民主的憲政體制」，指出：中華民國與中華人民共和國「互不隸屬」，明確表明了區隔。

這一南一北的兩地演講，引發世界熱議，「火藥庫」般的中東地區、巴爾幹半島等，啞然失聲、頓失硝煙，而海峽兩岸陡然成為當今天下新聞熱搜的焦點，美國的拜登總統、俄羅斯的普丁總統、英國的強生首相等，無一例外都將目光投在了這一區域。

德國人評說「互不隸屬」

德國的每日新聞有這樣的報導：「自上世紀八〇年代後期以來，台灣已從獨裁國家發展成為充滿活力的民主國家。該島是亞洲政治最穩定的民主國家之一。」

在今天的台灣，兩千三百萬居民享有現代自由國家的所有自由：言論自由、新聞自由和示威自由，一個正常運作的憲政國家和一個活躍而自由的公民社會。蔡英文總統時常強調「台灣是獨立主權國家」，她呼籲：中國應該承認台灣的客觀現實存在。中國必須尊重我們兩千三百萬萬人對自由和民主的堅持。我們必須在平等的基礎上和平解決分歧。

台灣90％以上的國民，反對「中國統一台灣」。德國特里爾大學政治學家德克．施密特教授（Prof. Dirk Schmidt）說，「統一」這個詞在這裡是有問題的——至少從台灣的角度來看，中國政府所強調的「台灣應該併入中華人民共和國領土，顯然是中華人民共和國的一廂情願的觀點。」他還說，「這樣的『統一』一詞，從客觀現實評說，從國際政治來看，均是不正確的。」

中共官方的一廂情願

十月十三日上午，國台辦舉行例行新聞發布會，發言人馬曉光表示：「十月十日，國台辦發言人以書面形式對民進黨當局領導人的所謂『講話』，作出了全面系統的回應。這篇『講話』鼓吹『台獨』、煽動對立，割裂歷史、扭曲事實，以所謂『共識、團結』為幌子圖謀綁架台灣民意，勾連外部勢力，為其謀『獨』挑釁張目。」

德國媒體評論道：希望維護台灣「獨立」現狀，中國政府以「只有少數台灣人反對『台灣加入中國』」作為「統戰」宣傳主旨。事實上，台灣的民情民聲民意現況恰恰相反：島上絕大多數人希望台灣維護與堅守民主主權「獨立」，尤其是民主自由。兩國之間密切的經濟聯系與合作，很大程度上不受政治和社會差異的影響。迄今為止，中華人民共和國仍然是台灣最重要的貿易夥伴。

對於整個西方世界來說，幾乎都對蔡英文總統的「互不隸屬」，表達了理解與聲援，紛紛都有這類表達：兩岸政府「互不隸屬」是客觀事實的描述。

法國漢學家瑪麗·侯芷明（Marie Holzmann）說道：法國與台灣的關係不斷升溫，她說：借「雙十節」之際，衷心祝願台灣獲得越來越多的國際承認。她還舉例道：剛剛造訪台北的法國參議員李察（Alain Richard）明確表示：法國將站在台灣一邊，維護台灣海峽的和平與穩定。這就是法國的心聲。

「互不隸屬」的現實描述

對於「中華民國」、「中華人民共和國」、「台灣」的昨天、今天與明天，筆者下面這些歷史的沿革作簡單解說：

一、此「民國」已非彼「民國」。

「中華民國」是辛亥革命後，由孫中山於一九一二年一月一日在南京宣告成立。一九四九年底，民國中央政府遷往台灣，國土亦從中國大陸退縮至台灣。雖說仍然以「中華民國」自稱自譽，而本質與客觀上，已如同歷史上的南明小王朝一樣，大清取代明朝，問鼎中原。同理，「中華人民共和國」取代「中華民國」的歷史地位，一統華夏。

在今天的國際政治舞台上，「中華民國」已名存實亡，無論是從歷史沿革，還是從法理延續，更是怨不得天，也尤不得人，現實而客觀的來說，「中華民國」僅是現如今實實在在的台灣而已。

二、「互不隸屬」的客觀現實性。

蔡英文總統強調：中華民國與中華人民共和國「互不隸屬」，這是對客觀現實的明確表述。我們可以從以下兩個基本點去解讀：

其一、今日台灣，是一九四六～一九四九年國共內戰的產物與結果。一九四九年以來，台灣在政治、外交、經濟和軍事等方面，一直是獨立自主政權的實體，已存在超過了七十二年的歷史。台灣擁有兩千三百多萬人民，人口超過了荷蘭、奧地利、比利時、瑞典、瑞士等絕大部分歐盟國家。

其二、國家的誕生與發展，有歷史範疇的概念。換句話說，是指國家的歷史發展演化過程，均帶有歷史的痕跡，或者說烙印。

查閱任何國家的歷史，都有演化與變遷的過程。中國古代有「邦分崩離析，而不能守也」，歐洲的歷史同樣如此，分分合合，國家不斷地在重組和重建中。曾經都是神聖羅馬帝國疆域的德國、法國、義大利、奧地利、瑞士等，由於帝國的分崩離析，這些國家紛紛建立，尤其是荷蘭、比利時、盧森堡，原來都是德意志帝國的北方行省，在十八～十九世紀反西班牙戰爭中先後獨立，這就是國家誕生的歷史範疇。台灣的歷史範疇，即是一九四六～一九四九年國共內戰的結果，是七十二年的獨立主權的歷史沿革。

三、歷史糾纏與未來訴求

一方面，尋求「兩岸統一」，雖然有歷史的根源，是對未來兩岸關係的期望和追求。另一方面，「互不隸屬」表述的是台灣現狀。實際上是不能混為一談的兩個不同階段。

事實上，台灣歷史沿革分為三階段：一、歷史因由（國共內戰結果）；二、七十二年的客觀實體；三、對未來關係的訴求和期望——「兩岸統一」。

謝志偉大使何錯之有？

最讓我不敢苟同的是，前方在「作戰」，後方卻在罵街。這些天，大批的中共軍機屢屢強暴台灣空域，且中共信誓旦旦「統一台灣」不動搖。「雙十節」前後，台灣駐德國大使謝志偉，長途奔波於德國的東西南北中各城市，與台灣留學生和僑胞一起度過節日。

作為大使的主要職責：一是、促進派遣國與接受國關係的發展。二是、保護本國公民及法人在所在國的正當權益。

二〇一八年十一月，我曾發表過一篇〈聽謝志偉大使講台灣的「故事」〉文章。當年，謝大使曾對筆者回憶過一段往事：「有一位德國聯邦議員去自己選區的中學（實驗中學）演講，他問學生一個問題：『知不知道台灣？』結果無人回答，於是議員就請謝大使去實驗中學演講。演講前，謝大使提出了同樣的問題：『誰知道台灣？』果真無人知曉。謝大使悠悠感慨道：這是一個很可怕的現象，長此下去，台灣被世界徹底遺忘的日子就不遠了。」

謝志偉赴德國任職以來，除了跟德國和歐盟的議員議會接觸，也經常奔波於德國各地的大學，在文化學術界展開了交流溝通活動，其實他就是在「講好台灣的故事」，使得台灣能夠在德國文化界、年輕人的心中生根發芽，激活台灣文化在德國的生命力。謝大使玩笑地給我們看了手機中無數的火車票與飛機票，真是馬不停蹄，席不暇暖，足跡遍及德國各地。

筆者曾這樣描述：「上上世紀，歐洲著名的使者利瑪竇與湯若望，攜帶著西方的宗教、科技、語言與文化，帶進亞洲播種與傳承。謝大使是台灣的使者，他身負責任，勤勉耕耘，在德國土地上播種台灣的文化，光陰荏苒，世紀傳承，通過他孜孜不倦的努力，影響到青年一代產生對台灣文化的興趣和台灣命運的關注。」今天德國的新聞媒體中，幾乎每天都有關於台灣的話題，台灣幾乎走進了德國的千家萬戶。

德國重視與關懷台灣的背後

眾所周知，二〇二〇年九月一日，德國聯邦政府發布了《印太準則》，德國政府大費周章闡述「德國、及歐盟的印太政策和行動」，希望告訴世界的是：德國與歐盟同樣制定了「印太戰略」。德國為什麼忽然關注印太與南海？德國與中國有著千絲萬縷的經濟利益，不好明說，但是德國明確表達了，反對中國「武統」台灣。歐洲的價值觀同樣適用於印太地區，不言而喻，目的是維護台海的和平與穩定。

近年來，德國、歐盟的國際政治發生了如此巨大的變化，歐中經濟連年遞增，卻在外交上和人權價值觀上，一路磕磕碰碰，支持與聲援台灣的聲音此起彼伏，可說是歐洲刮起了台灣風。難道這些歐中矛盾陡增，是空穴來風、憑空而來的？這背後不乏台灣駐德國外交官努力工作的結果，在謝大使心目中，台灣與德國相同，同樣以人權精神為基礎，以民主自由、尊重人權、新聞自由、憲政法治等為立國基石，但更重要的，是台灣故事喚醒了德國人、歐洲人。

二〇二一年十月十五日

說「九二共識」偽造　李登輝錯了嗎？

劉志聰

前總統李登輝接受日本月刊《*Voice*》訪問時，指「九二共識」「完全是偽造的產物」，因為一九九二年香港會談中根本沒有達成「一個中國兩岸各自表述」的共識，當時他擔任總統，「從來沒有人向他報告有達成這一項共識」。

針對李登輝的談話，總統府發言人即刻出面駁斥，指「九二共識」是根據當時李登輝裁示核定，蘇起只是取個名字，並非蘇起捏造。「九二共識」由我方提出，大陸同意接受，當時總統是李登輝，歷史不容否認，請李登輝不要一再否認自己講過的話。

「九二共識」是國共交流的政治基礎，兩岸兩會舉行十多次會談，簽署廿一項協議，達成兩項共識，全部奠基於彼此對「九二共識」的共同認知。如果「九二共識」不存在，過去簽署的協議算不算數？未來交流又將如何展開？總統府和蘇起急於提出反駁，完全可以理解。問題是，「九二共識」究竟存不存在？

訪談前海基會董事長辜振甫四十餘次，根據第一手珍貴資料撰寫的《勁寒梅香》一書提到，蘇起在二〇〇〇年四月二十八日提出「九二共識」這個名詞，希望打破兩岸僵局，結果反讓各方陷入有無「九二共識」爭論當中。台灣內部有人認為有共識、有人認為沒有；中國方面二〇〇〇年八月底回應有「九二共識」存在，但強調「九二共識」就是「兩岸均堅持一個中國原則的共識」。兩岸再度陷入各說各話當中，從「一個中國原則是不是兩岸互動的前提」，到兩岸之間有無「九二共識」和「九二共識」內涵為何，爭論不休，毫無共識。

書中引述辜振甫談話，指「共識」必須雙方當面討論之後，得出能被共同接納的意見。事實上，一九九二年的香港會談，雙方確實無法接納對方的方案，因此會談沒有任何具體結論。我方在會談結束前提議：雙方「以口頭上各自表述」的方式，擱置「一個中國原則」的爭議，以便進入正式議題的協商。大陸代表在返回北京幾天後，以電話告知我方表示「尊重並接受」我方的建議，同時也透過大陸官方媒體發布新聞。辜振甫因此說，與其用「共識」表達一九九二年的會談結果，不如用「相互諒解」（Understanding）或「附和」（Accord）更能貼近事實，且可避免不必要的套用。

以辜振甫在兩岸談判所扮演的角色，他的談話具有代表性，應無疑義。時任陸委會主委的黃昆輝在行政院院會報告香港會談經緯，當時的行政院長郝柏村裁示指出，中共雖表示同意我們以口頭方式表達對「一個中國」立場的說法，但並未主動正式透過海基會通知我方，而是經由《新華社》的報導，最後才以電話告知海基會秘書長。中共此一作法，似為其並未以文字證明正式同意我們對「一個中國」立場的看法，預留餘地，這就是它一種策略的運用，既不可靠，也不能信賴。郝柏村認定中共使詐，空口說白話，故意不留下正式文件。

當時的陸委會副主委馬英九對香港會談功虧一簣，指控中國為遂行「一國兩制」，堅持要談「一個中國原則」，以事務性問題掩護其政治勒索。馬英九認為，海協會明知雙方就「一個中國」原則並無交集，卻對外宣稱雙方已有共識，毫無誠意可言。可見，馬英九對香港會談未達共識，知之甚詳，竟然蒙昧良心，以謊言欺騙國人，竄改歷史，顛倒是非，一派胡言。

香港會談的所有當事人，從李前總統、前海基會董事長辜振甫、談判代表許惠祐、海基會祕書長陳榮傑、陸委會主委黃昆輝、甚至副主委馬英九，通通否認香港會談達成共識。二〇〇〇年台灣政黨輪替之前，中國也一再否定「九二共識」。蘇起在二〇〇〇年四月底政權交接前杜撰「九二共識」名詞，企圖框住陳水扁，中國見機有可乘，順勢回應有所謂「九二共識」存在。國共一搭一唱，把人民耍得團團轉，藉此杯葛阿扁的兩岸政策，還布下羅網，誆騙出席「雙城論壇」的柯文哲就「九二共識」清楚表態。

辜振甫指「九二共識」是沒有共識的共識，蔡英文認為，尊重九二會談的事實，但對「九二共識」這個名詞，應求同存異。蘇起自創新詞以為在幫兩岸解套，結果反而使台灣陷入困境當中。馬政府宣稱「九二共識」是「一中各表」，但中國堅持「九二共識」就是「一個中國原則」，所有中國的官方文件，任何中國官員的談話中，從來不承認「一中各表」的說法。

台灣接受「九二共識」，就會掉進「一個中國」的陷井。國際社會只認定中華人民共和國這個中國，不會理會台灣如何自我表述。蘇起的「九二共識」既框限了台灣，也綁架了人民。

二〇一五年八月二十一日

敲響九二共識的喪鐘

劉志聰

中國國家主席習近平在「告台灣同胞書四十年」談話中，將「九二共識」與「一國兩制」做了相關連結，引爆台灣藍綠大亂鬥，國人普遍不接授習近平的說法，國際間的反應也大不以為然。「九二共識」是國民黨立國神主牌，遮羞布一朝被掀開，頓時張惶失措，狼狽不堪。這個由蘇起杜撰、糾纏台灣近二十年的名詞，在喪鐘響起之後，也該走進歷史墳場了。

針對習近平的談話，蔡英文總統與外國媒體茶敘時指出，北京當局把「九二共識」定義為「一個中國、一國兩制」，「九二共識」已不再有模糊空間，她呼籲全國各政黨不要再講「九二共識」這個名詞。前總統馬英九受訪時直指蔡英文的說法「不對」，馬認為各政黨應該一致都承認有「九二共識」，才是最好的結果。藍營及名嘴痛批蔡英文「竹篙湊菜刀」，將習近平談話的不同段落，做了不相干的連結。但馬政府末代閣揆張善政則認為，「九二共識」在不斷被附加新意涵後，已不能作為台灣凝聚內部力量的媒介。可見，台灣人民只要腦袋清醒，對習近平的談話都不能接受。

習近平說，「七十年來，我們秉持求同存異精神，推動兩岸雙方在一個中國的基礎上達成『兩岸同屬一個中國，共同努力謀求國家統一』的『九二共識』，開啟兩岸協商談判，推動協商兩岸政黨黨際交流，開闢兩岸和平發展道路，實現兩岸領導人歷史性會晤，使兩岸政治互動達到新高度」。習的說法清楚說明，北京認定兩岸之所以能夠協商談判，國共兩黨能夠交流，馬習會能夠在新加坡順利登場，就是因為國共兩黨都承認兩岸「同屬一個中國、共謀國家統一」的「九二共識」前提。

不僅如此，習近平在談話中同時指明，實現國家統一的最佳方式，就是「和平統一、一國兩制」。習近平的邏輯很清楚，兩岸因具有「同屬一中、共謀統一」的「九二共識」認知，協商之門才得以開啟。而實現國家統一的最佳方式，就是實施「和平統一、一國兩制」。「九二共識」既以謀求國家統一為目標，一國兩制則是實現國家統一的最佳方式。國民黨說，「九二共識」就是「一個中國、各自表述」。習近平說，「九二共識」就是「一個中國、一國兩制」。國共到底誰說謊？

一九九二年兩岸香港會談，因雙方無法接受對方方案，未獲具體結論。我方在會談結束前提議：雙方「以口頭上各自表述」的方式，擱置「一個中國原則」爭議。中方代表返回北京幾天後，以電話告知我方表示「尊重並接受」，同時透過《新華社》發布新聞。故海基會董事長辜振甫認為，與其用「共識」表達一九九二年的會談結果，不如用「相互諒解」或「附和」更貼近事實。當時的行政院長郝柏村指責中共故意不留下正式文件，是空口說白話、使詐。當時的陸委會副主委馬英九也批評海協會明知雙方就「一個中國」原則並無交集，卻對外宣稱雙方已有共識，毫無誠意可言。馬還指控中國為遂行「一國兩制」，堅持要談「一個中國原則」，是對我進行政治勒索。

一中各表是國民黨的遮羞布

二〇〇〇年政黨輪替，民進黨首度執政，李登輝的中國路線遭到黨內排斥。蘇起在政權交接前夕杜撰的「九二共識」一詞，成為國民黨的神主牌。國民黨熱烈擁抱「九二共識」，馬英九參選總統時也強調，兩岸關係建立在「九二共識」基礎上。國民黨宣稱「九二共識」就是「一中各表」，台灣稱對岸為中華人民共和國，稱自己為中華民國。但習近平的談話否認「一中各表」，強調「九二共識」就是「一個中國、一國兩制」。馬英九自認兩岸關係在他八年任內達到六十多年來最佳階段。習近平談話顯示，國民黨因為接受兩岸「同屬一個中國」的「九二共識」，兩岸關係才得以突破。兩岸既然「同屬一個中國」，中華民國在國際自此人間蒸發。

國民黨主席吳敦義說，「一中各表」的「九二共識」是兩岸關係的基礎。吳還強調，各表「就是你表你的，我表我的啊！你不能在陸方的前面講『一中各表』，公開講這個不行。」吳的說法證明所謂「九二共識」，其實並無共識，否則怎麼不敢公開講、不能在中國面前講？

中國只要一中，不同意各表。「一中各表」在中國還是禁用語。國民黨強調「一中各表」只是為了騙選票，承認「九二共識」，就是接受台灣成為中國的一部分。

地方選舉結束，國民黨迫不及待，要求蔡政府調整兩岸路線。他們認為，韓國瑜競選時高舉「九二共識」，結果高票當選，韓流旋風席捲全國，帶動國民黨全面勝選，足以顯示民意認同「九二共識」，蔡政府必須回應民意期待。藍營十五縣市紛紛設置兩岸小組，大家爭先恐後，忙著要讓「貨出去、人進來、大家發大財」。國民黨中央更躍躍欲試，大力支持，中國熱鑼鼓喧天。北京也期待複製二〇一六年模式，催促藍營縣市跳過中央，直通中國。國共聯手，欲將台灣推向習近平的「一個中國、一國兩制」統一不歸路。

國民黨自掘墳墓，台灣人民要跟著跳進去嗎？

二〇一九年一月九日

為言論自由點一盞燈——《民報》邁向新旅程

劉志聰

二〇一三年，陳永興醫師發起籌創《民報》，轉瞬八年已過。今年春，《民報》即將邁向新的旅程。八年來，《民報》歷經顛簸，在共同發起人、作者、讀者扶持下，經營團隊迎向風浪，扮演言論自由的鋪路工，為時代留下小小的印記。

《民報》善盡第四權角色　扮演反對黨

《民報》雖以網路新媒體形式呈現，其實更像傳統的老媒體：遵循老派報紙的傳統價值觀，相信媒體應善盡第四權角色，監督政府，為大眾發聲，扮演永遠的反對黨。儘管《民報》批評在野黨的脫序行為不假辭色，卻認為權力在執政者手中，對朝野的監督必須符合比例原則。不為在野黨幫兇，也無意幫當權者塗脂抹粉。

《民報》編採方針及言論走向謹守兩項準則：其一強調台灣主體性，其二遵守法律規範，其實並無特殊之處。任何理智成熟的國民都不認為台灣是別國的附庸或一部分，也都同意守法是國民的義務。《民報》身為媒體一員，在上述準則指引下，儘量做到尊重百分之百、或接近百分之百的言論自由。一些文章無緣在其它媒體刊登，都能在《民報》找到伸展舞台。眾聲喧嘩中，突顯《民報》存在的價值和意義。

媒體屢遭詬病，被指為社會亂源，值得深思。人必自侮，然後人侮之。媒體界的畸形亂象，主要表現在三方面：

第一、政治化。媒體具有傳播功能，各家傳媒都有自己的編採風格與言論取向。台灣因為國家認同紛歧，傳媒各據立場，只看顏色，不問是非。非我族類，口誅筆伐，加深內部矛盾，不利國民意志凝聚與社會共識形成。

社會期待媒體發揮監督功能，扮演反對黨的角色。但台灣媒體習慣向當權者靠攏，冀圖從中獲取業務資源或採訪便利，報老闆可藉此累積政商人脈，為拓展企業版圖鋪路。儘管台灣早已揮別威權年代，但藍綠不論誰當家，總以為媒體應當「為我所用」，透過預算編列、人事安排，掌控公共媒體；不只如此，還想方設法將手伸進商業媒體。利之所在，媒體也樂為所用，淪為政治幫閒，專業形象隨之摧毀。

第二、商業化。現代媒體為人力、腦力、財力密集產業，文人辦報的年代一去不復返。經營媒體離不開企業法則。多數新聞機構同時也是企業公司，有營利目標，要對股東負責。商業媒體在公共議題或民眾關心事務上，尚能保有專業水準，提供實用資訊。一旦涉及企業本身利益，或影響經營者政商人脈，通常選擇刻意迴避，噤聲不語。

《民報》不反商，也不媚商，對企業家推動經濟發展，表達敬意。但因條件受限，主要聚焦關心基本人權、生態環境、勞工弱勢、本土文化等議題。對香港、西藏、新疆地區的法治人權狀況，同樣高度關注。《民報》資源來自各方，撙節開支，提供知識人揮灑的空間。因為心無所求，講話比較大聲。雖然言之有物，難免得罪權貴，卻也因此稍稍發揮監督功能，在高度商業化的媒體環境中，散發微細的光芒。

第三、碎片化。二、三十年來，新聞產業遭逢巨變，社群媒體蓬勃發展，打破政黨財閥壟斷媒體、掌控議題的局面，推翻傳統威權式、由上而下的新聞指揮體系，衝擊新聞經營環境、新聞定義與新聞價值，對政經社會文化造成全面性衝擊。大眾競相投身訊息產製與傳播浪潮當中，消費者接收訊息，也產製內容，同時運用數位工具，快速傳播訊息。網紅、網軍、直播主應運而生，自媒體大行其道，藉臉書、Line、YouTube等社群媒體發聲。一人一把號、各吹各的調。其中不乏創意點子但也充斥假新聞、不實爆料、網路霸凌、泛濫行銷等，破壞社會信賴基礎。因為網路特性，訊息表現流於輕薄短小、碎片化、即興演出，公信力不足。

新聞業為公共服務業，提供大眾日常生活所需資訊，協助公民成為民主社會的積極參與者。新聞媒體扮演公共資訊集中與發送平台，設置專業守門人，對訊息做事實查核，以此對閱聽人負責。傳統媒體的訓練與經驗，在訊息混亂、真假難辨的數位時代，更顯重要。透過專業工作者對訊息進行查證比對與處理，增添新聞的價值與公信力。《民報》所刊登海內外專欄作家文章，觀點獨到，論述周延，獨樹一格，為碎片化的網路媒體，提供不同角度的補充。

貫徹創辦初衷　「為時代見證、替弱勢發聲」

《民報》創辦之初，以「為時代見證、替弱勢發聲」為主旨，邀請社論主筆、專欄作家撰稿，針對台灣、兩岸、國際政治、經濟、社會、文化議題，深度探討，客觀剖析，「撥開時局迷霧，凝聚社會共識」。一直以來，《民報》編採走向、言論方針，謹守設定宗旨，善盡媒體職責。

我們以為，求真是媒體最核心的價值，假新聞殺死人們的思想，堅持言論報導應本諸良心說真話。《民報》內容或有疏漏，卻絕不刻意造假。謊話混淆視聽，增添社會紛亂，如何為時代見證？我們深知許多弱勢者受盡欺凌、打壓與不公平對待，冤屈無處訴，《民報》為他們仗義執言。鑑於台灣內部認同紛歧，阻礙國家意識形成，《民報》堅定站穩台灣立場，面對兩岸互動與國際交流。

說真話不足為奇，對權勢者說真話，卻不輕鬆。以喧騰各方的蔡總統「論文門」為例，許多媒體寧可迴避，淡化處理。《民報》收到海內外探究論文真偽的文章，撰稿者多為素負眾望之士，他們在文章中引述資料，反覆推敲，質疑論文的真實性，呼籲蔡總統拿出論文及原始學位證書供檢視，以平息紛爭。《民報》雖不認為根據上述文章推論，即能斷定論文為假；但這些文章撰寫嚴謹，言之有物，非存心詆毀他人，事屬可受公評，因此，無畏壓力，予以刊出。當然，主張學位論文為真，且能言之成理，《民報》一樣來者不拒。

二〇二〇民進黨總統選舉黨內初選時程，明顯違背民主精神，蔡英文、賴清德按表定時程完成登記，進入賽程後，一再變更遊戲規則。百米賽跑了九十公尺，準備最後衝刺，裁判卻宣布比賽延長為一百五十公尺。面對民進黨中執會特殊權力結構（同額競選、派系分贓、定於一尊），及媒體一面倒封殺，賴清德終究不敵而敗陣。《民報》認為，政黨內部的民主運作，影響國家的民主品質，因而發出警訊，為文批評，是明知吃力不討好而為之。

再以美國總統大選為例，由於美台關係緊密，川普政府抗中挺台不遺餘力，許多國人衷心期盼川普連任，台海安全更有保障。《民報》收到不少力挺川普的文章，一些論述甚至斷言川普必勝無疑，《民報》均予刊登，這些文章反映了當時的輿論風向。也有作者指責川普治國無方，對拜登推崇有加，卻擔心《民報》為難，來信表達不登無妨，我們以行動作為回應。《民報》認為，不論支持川普、批評拜登，或認定川普會贏，都屬於言論自由範疇，要自負文責，但我們不贊同上街遊行挺川普，或指控美國大選有弊端，因為這涉及干涉他國內政，並不恰當。拒絕批評川普的文章，則無異封殺言論自由。

堅持傳統媒體古典風格　守護言論自由

《民報》創刊以來，秉持專業良知，在訊息混亂、真假難辨的數位媒體環境中，堅持「為時代見證、替弱勢發聲」。雖然資源有限，仍努力在傳播科技發生巨變時刻，扮演言論自由的守門人。此即創辦人陳永興醫師所形容，《民報》堅持並保有傳統媒體的古典風格。《民報》即將邁向新階段，特別向作者及讀者們，表達由衷的感謝與敬意。

二〇二二年二月一日

特赦阿扁在蔡英文一念之間

劉志聰

台灣醫界聯盟日前召開記者會，期待三月三十日雙英會面時，能討論轉型正義議題，同時呼籲馬英九總統在卸任前特赦陳水扁。前羅東聖母醫院院長陳永興直言，特赦阿扁攸關轉型正義，如果馬總統不做，準總統蔡英文應義不容辭。

現在雙英會已告落幕，媒體披露的訊息顯示，兩人並未觸及特赦阿扁議題。看來，馬英九總統任內馬蔡共商特赦阿扁的機會，已十分渺茫。阿扁特赦一事，只能寄希望於下任總統蔡英文。我們呼籲蔡準總統將特赦阿扁列為重要政治議程，以無比的智慧、勇氣與承擔，在就職後選擇合宜時機特赦阿扁，藉此化解政治仇怨，彌合社會傷痕。

我們做此呼籲，是有感於扁案乃重大政治案件，起碼也是政治色彩強烈的司法案件。政治問題必須政治解決，特赦阿扁，就是解決扁案爭議的政治方法。憲法賦予總統特赦權，目的是為可能的司法不公提供安全閥。總統藉施行特赦權，可對國家刑事政策發揮最後的衡平與救濟。

說扁案是政治案件，絕非憑空杜撰或無的放矢。扁案審理迄今，從媒體公開揭露的資訊顯示，政治黑手幕後操縱，斧鑿斑斑，明目張膽，令人怵目驚心。例如：二〇〇八年陳水扁甫交卸總統職務一小時，北檢未經偵訊、起訴、審判，即將阿扁限制出境。如此重大決定，若說沒有高層授意，其誰能信？

又如：特偵組成立不久，就發生檢察官一字排開，在媒體面前握拳發誓，未將扁案辦出個結果，將集體下台，政治表態異常明顯。為羅織阿扁罪名，特偵組派檢察官赴日，教唆辜仲諒返台作偽證，緊咬阿扁收賄，以交換不被羈押。辜家三名律師在高院筆錄中明確否認行賄，並詳述特偵組設局經緯，內容極盡威脅利誘之能事，儼然明代東廠翻版。特偵組偵辦國務機要費等案，當庭將扁逮捕，強制戴上手銬，違反無罪推定原則，侵犯被告司法人權，公然羞辱卸任國家元首，造成人心震動。凡此種種，明顯為政治正確扭曲司法公正的病癥。

檢察官看政治風向辦案，法院的表現同樣荒腔走板，讓人失望。例如：為達到預設目標，審理中途竟然撤換法官；且以小案併大案，利用政治力操縱司法審判，嚴重侵害當事人訴訟權。龍潭案扁二審原判決無罪，馬英九公開放話，指「司法不能背離合理期待」，最高院隨即「自為判決」，將扁判處有期徒刑十一年，扁珍併科罰金三億一千萬元。最高院未發回更審即「直接定讞」，為司法史上罕見。政治力公然介入，已到無法無天的地步。為入阿扁於罪，最高法院捨棄慣用的「法定職務」說，創設「實質影響力」特例，目的只為將阿扁送進監獄。政治操弄司法，手段極為粗暴。

對阿扁的政治追殺與人格凌辱，更可從檢察官張安箴等人在二〇〇九年司法節慶祝大會上，以模仿陳水扁被收押，高舉雙手上手銬，高喊司法迫害法警打人的鬧劇，來嘲弄阿扁總統，取悅與會司法人員，看出端倪。檢察官在司法慶典的脫軌演出，反映司法人員對卸任元首的蔑視與仇恨，行徑令人齒冷！期待這樣的司法體系做出公正公平的判決，豈非緣木求魚！

二〇一四年底，台灣太平洋發展協會發表「台灣人民對扁案的態度」全國性民意調查，結果顯示有31.7％認為扁獲得公平審判，41.3％認為他沒有受到公平審判，多數台灣人民質疑扁案司法審理的公正性。

民進黨日前公佈《促進轉型正義條例草案》，將於行政院下設「促進轉型正義委員會」，依開放政治檔案、清除威權象徵、平復司法不法、處理不當黨產四大面向，全面推動轉型正義。從扁案審理的斑斑軌跡，明顯可見阿扁遭受司法不法侵害，和二二八及白色恐怖政治受難者的際遇，並無二致。

阿扁因為風雲際會，終結國民黨萬年法統，不幸成為黨國千古罪人，遭到無情政治追殺。馬政府窮盡一切手段，必欲將扁送進牢籠，以摧毀這位象徵台灣人出頭天的本土人物。透過兇狠的政治追殺，以極不人道的司法處遇，打擊兩度擔任國家元首的陳水扁，致其身心受到重創，人格橫遭殘害，尊嚴受到踐踏；雖然苟全性命，但已老病侵尋，生不如死，與多數政治受難者的悲慘處境，亦復雷同！

蔡英文日前表示，台灣歷經數十年威權統治，期間政府濫用國家機器等違背憲政民主舉措、侵害人民生命財產權益的歷史，不同族群長期以來受到不公平的對待，國家都應該深刻反省。她認為轉型正義攸關台灣民主深化，以及國家內部團結；她深刻體認我們只有一次機會，總統對此有無可逃避的責任，也明白自身肩負的責任。蔡英文的談話令人動容，展現領導人的格局、遠見與承擔，值得喝采，人民必誓為後盾。

公義必須喚回，青史不容成灰。在轉型正義緊鑼密鼓展開、積極為政治受難者平反的此刻，我們呼籲蔡英文也能同步關注扁案，將它視為轉型正義的一環，讓這位維護台灣主權國格不遺餘力，卻遭到司法冤屈，此刻仍在承受命運折磨的前總統，能獲得公義的對待。早日特赦阿扁，才能消泯仇怨，終結糾纏人心的政治惡夢。

我國行憲之後，已先後辦理七次全國性減刑或特赦，也曾實施多次個案特赦或減刑。早在行憲之前，國民政府主席蔣介石亦曾引用《約法》特赦觸犯《懲治漢奸條例》而被判死刑的周佛海。加上其他行憲前後的特赦個案，充分顯示特赦為憲法賦予總統的特權，只要總統展現政治意志，沒有法律可以阻擋。

雖然我國《赦免法》未提受刑事追訴之人是否可獲免訴，但如果犯罪都能赦免，對犯罪之偵查自無繼續之必要。《赦免法》縱欠周延，民進黨已完全執政，自可透過修法使其完備，以利總統特赦權之施行。

總而言之，特赦與否，取決於總統的政治決心。正如蔡英文所言，推動轉型正義只有一次機會。特赦阿扁與否，則存在於蔡英文的一念之間。

二〇一六年四月一日

愛沙尼亞正名制憲步步邁向獨立

劉重義

最近發現台灣人中間對正名制憲有無仝看法，有一寡反對正名制憲的好朋友，認為講正名制憲會分散獨立建國的力量。為著要解釋這種反對理由，採用無適當的比如，顛倒混亂自己的思考和推論。本文抽我在二〇一七寫的〈正名、制憲、公投、入聯——愛沙尼亞經驗〉，將偲實際勇敢的民族鬥爭予大家參考。基本上，正名制憲著是波羅地海三國，勝利邁向民族獨立的重要鬥爭過程。

斯大林和希特勒在一九三九年簽《德蘇密約》（Molotov-Ribbentrop Pact）後，波羅地海三國被蘇聯發法佔領。三國隨時遭遇類似「二二八民族屠殺」的慘境，大量政治領袖與社會菁英被殺害或流放外地做苦工。蘇聯並解散愛沙尼亞最高議院，另外成立愛沙尼亞最高蘇維埃傀儡議院，在一九四〇年八月，由傀儡議院決定「志願」併入蘇聯，改國名為「愛沙尼亞蘇維埃社會主義共和國」（Estonian Soviet Socialist Republic）。

六百公里「自由人鏈」展現獨立決心

超過兩百萬等於是超過四分之一的波羅地海三國人民，於一九八九年八月二十三，《德蘇密約》簽署五十周年彼日，手牽手貫穿三國首都形成六百公里長的「自由人鏈」（chain of freedom）。他用這次人類空前的集體行動，抗議蘇聯的併吞行為，並向全世界宣示爭取國家獨立的意志和決心。愛沙尼亞的領袖講：每一個民族無論是外弱小，擁有權利擁有自己的國家。

「自由人鏈」震撼國際四月日後，愛沙尼亞民間社團共同發起「愛沙尼亞公民登記」，在短短一月日內有八十六萬人簽署，幾乎所有愛沙尼亞大人攏出來宣示自己的愛沙尼亞國籍身分，否定被非法註記的蘇聯國籍。

參與簽署登記的愛沙尼亞公民，在一九九〇年二月自己選出「議員」，組成蘇聯體制外的「愛沙尼亞執行議會」（Executive Organ of the Estonian Congress），因為怹確信愛沙尼亞的獨立無可能在蘇聯體制下完成。本土社團的行動強烈影響在三月的愛沙尼亞最高蘇維埃議員選舉，這是自一九三二以來第一擺的自由選舉。結果，民族主義者掌握了絕對多數。

一九九〇年三月，愛沙尼亞最高蘇維埃做成決議，認定蘇聯一九四〇年併吞愛沙尼亞非法，並且設定時程推動正名制憲，要恢復「愛沙尼亞共和國」。蘇聯當然認定這個決議違反

《蘇維埃聯邦憲法》，便以封鎖波羅地海企圖進行經濟制裁，死硬派當然嘛嗆聲出兵鎮壓。

一九九〇年五月，愛沙尼亞最高蘇維埃宣布終止蘇聯非法建構的「愛沙尼亞蘇維埃社會主義共和國」，降下蘇聯的國旗，恢復原愛沙尼亞國旗與憲法，明訂「愛沙尼亞是主權在民的獨立國家」，正名為「愛沙尼亞共和國」（Republic of Estonia），嘛拒絕以邦聯形式留在蘇聯。這寡決議和宣示，攏是在蘇聯武力鎮壓的威脅下，和無美國總統的支持下做出的。

一九九一年三月愛沙尼亞舉行公民投票，在國際公正人士的見證下，82.9％的投票率，78.4％贊成國家正名並接納制訂的新憲法和國旗。

一九九一年八月二十日，蘇聯共產黨死硬派在莫斯科發動政變，逮捕怹認為無能阻止國家分裂的總理戈巴契夫。彼暗，愛沙尼亞最高蘇維埃結合體制外的愛沙尼亞執行議會的領袖緊急開會，到暗時十一點一致通過：正式向全世界宣布愛沙尼亞獨立。這個挑戰蘇聯體制革命性的「叛亂」決議，使每個議員攏著面對十冬的罪刑。總是，怹有民族主義做靠山攏無驚惶，決心勇敢面對廿四點鐘內就會開到首都塔林（Tallinn）的蘇聯戰車。

蘇聯軍隊侵入過程中，愛沙尼亞人赤手空拳擠做人牆，阻止戰車的前進。守電視發射塔台的兩個警察，嗆聲要啟動滅火系統，和企圖踏入塔台的蘇聯特種部隊作伙死亡，拖延通訊塔繼續運作的時間。結果，政變隔日，莫斯科民眾大規模聚集，支持俄羅斯領袖葉爾欽（Boris Yeltsin）的反政變立場，致到死硬派政變瓦解失敗。葉爾欽原本著公開支持愛沙尼亞獨立。

確實，只有勇敢的民族才有資格擁有真正屬自己的國家。一九九一年九月聯合國接納愛沙尼亞共和國成做正式會員國。

二〇二一年四月二十九日

有民族主義才會有出頭天

劉重義

在整理最近的演講，我有觀察著：波羅地海國家推動「正名制憲」這條軌道，民族意識是撐鐵支路的柴箍（支那話：鐵軌枕木），民族主義是「正名制憲」火車的動力。

民族意識是個人對所屬民族的認同感，以及對民族整體的感情，所累積的思想能量。民族主義是一個民族為著追求共同願景，所發展的核心理念和行動準則。

每一個在台灣生長的台灣人攏會自然產生台灣人意識，意識的深度和強度隨個人的生活環境和思想塑造會有程度上的差別。當個人的台灣人意識提升到對台灣獨立建國有所期待，嘿才達到台灣民族意識的層次。

台灣人李登輝先生做「赤藍虎口下的總統」，敢請「老賊落台」，敢推「總統民選」，敢講「特殊的國和國關係」，雖然伊並無清楚啥是「民族」，卻無疑問伊有真強的台灣民族意識。

李、扁都具台灣民族意識

台灣人陳水扁先生做「赤藍槍口下的總統」，在情勢逼伊發表失氣的「四不一沒有」了後，知影著尋機會嗆出「一邊一國」，並宣布「終止國統會和國統綱領」，雖然伊嘛無清楚啥是「民族」，卻嘛是露出台灣民族意識。

台灣人蔡英文做「敬畏赤藍權貴的總統」幾乎無台灣人意識，嘛看無台灣人。伊用「維持現狀」做藉口阻礙台灣正名運動和台灣的正常化，按呢來展示伊對外來的赤藍假「支那民國」體制的順服，同時嘛對之共綁匪拍「無改變台灣屬支那」的信號。蔡英文的「總統作為」相當反應伊處理「論文門」的動物性生存思考方式。

咱閣翻頭看波羅地海國家成功掙脫蘇聯獨立的歷史。三國人民長期在外來勢力的壓迫統治下，無放棄民族意識的傳承，無放棄出頭天的向望，忍耐等待翻身出手的機會。原來在三國由俄裔移民壟斷的共產黨組織，到一九七〇年代後期，在地人黨員開始佔超過50％，有機會靜靜推「本土化」抵抗「俄化」的清洗，鞏固民族意識。

一九八五年蘇聯推出上少年有改革準備心的戈巴契夫總理，三國人民抓著伊「開放、自由」的施政環境，開始啟動民族主義的鬥爭，民間團體開始出現，對軟性無敏感性的議題，一步一步進入敏感的政治和主權議題。

一九八八年六月十六日，戈巴契夫任命，公認較有開放心胸的駐尼加拉瓜大使，愛沙尼亞本籍的眉農哇拉斯（Vaino Valas），為愛沙尼亞共產黨總書記，取代在位十冬，橫霸固執、無受歡迎的俄籍老總書記。哇拉斯一上任，著公然廢棄官方的俄語，用自己的母語向共產黨中央委員會講話，這個行動捲起三國民族主義者的激動情緒，因為三國的語言長期受壓迫。

宣示愛沙尼亞法律位階高於蘇聯

一九八八年十一月，哇拉斯主持的「愛沙尼亞最高蘇維埃」議決《愛沙尼亞主權宣言》，宣示主權並宣示愛沙尼亞法律比蘇聯法律的位階較高。這個議決震動了克里姆林宮，蘇共中央緊急調哇拉斯到莫斯科報告。哇拉斯當面解釋講：愛沙尼亞人是要求高度自治，並無意思要脫離蘇聯。伊趁機會向蘇共頭人警告：對波羅地海國家動用武力，會嚴重破壞戈巴契夫的改革進程，嘛會失去西方國家的信任和支持。

西方國家確實有影對戈巴契夫的改革充滿期待，希望可以結束冷戰對立。所以，雖然西方國家一直無承認蘇聯擁有波羅地海國家的主權，卻嘛希望波羅地海人民呣通破壞現狀製造麻煩。在這種無真友善的國際環境下，一九八九年八月二十三日波羅地海人民手牽手結成震撼人類社會的六百公里「自由人鏈」，哇拉斯在遐高舉民族主義向全世界宣示：每一個閣較小的民族，著有袂當被剝奪的自決權！

續落，哇拉斯順應愛沙尼亞人民的要求，將蘇聯設立操縱的「愛沙尼亞最高蘇維埃」傀儡議會一九九〇年二月的改組，開放自由選舉。結果，民族主義者贏得絕大多數的席位，啟動了「正名制憲」恢復民族獨立的火車，短短二冬著取得勝利！

波羅地海國家由民族主義者占多數的最高議院，著是勇敢高舉民族主義，做成決議：蘇聯併吞波羅地海國家是非法的；外來的《蘇維埃聯邦憲法》和蘇聯法律袂當干涉波羅地海人民的「正名制憲」和「獨立公投」。

波羅地海人民擁有的民族獨立行動理論武器，台灣人仝款嘛有，著是：「支那民國」和赤藍假「支那民國」攏無擁有台灣的主權；外來的《支那民國憲法》和赤藍假「支那民國」法律，袂當干涉台灣民族決定台灣前途的「正名制憲」和「獨立公投」。

70％台灣人具有台灣民族意識

目前的台灣社會，有台灣民族意識的人口已經超過70％，卻因為無發揚民族意識建構台灣民族主義，結果，在外來的赤藍假「支那民國」體制取得完全執政的本土政黨，竟然自己甘願做外來體制的買辦，㑲敢承擔民族責任，啟動「正名制憲」和「獨立公投」，予台灣人真正做自己台灣的主人，永久解決台灣問題。

這種悲哀痛苦的錯亂現實，深刻教示咱：大家著認真推動「台灣化」，深化台灣人的民族意識，高舉台灣民族主義，反制蔡英文三腳仔集團流失台灣機會，咱台灣人才會當跳脫水漸漸要滾的「併吞」鼎。

二〇二一年五月二十日

袂蔫（lian）的白玫瑰

劉重義

一九四三年二月十八日，納粹蓋世太保進入慕尼黑大學，逮捕一對在學的兄妹，讀醫科的漢斯．肅烏（Hans Scholl）和讀生物學的蘇菲．肅烏（Sophie Scholl），了後，閣逮捕怹一個讀醫科的好朋友科里斯度佛．普拉布斯滔（Christoph Probst）。二月二二三人在納粹黨開的「人民法庭」被以叛國罪判死刑，當日押上斷頭台處死。彼時，漢斯廿四歲，蘇菲廿一歲，科里斯度佛廿三歲。

在審判彼日，慕尼黑大學支持納粹黨的學生集中在校園，譴責怹三位是「背骨」是「失敗者」。續落幾日的官方新聞，攏報導「墮落的流氓被處死」以及繼續追抓叛國的共犯。對牽涉此案的其他十幾個學生和一個心理學和音樂教授庫滔．宇帽（Kurt Huber）處死或關監，一直繼續到納粹敗戰投降。

戰後，這場慕尼黑大學生和教授的「白玫瑰運動」，成做德國人所稱讚，代表無私心勇敢反獨裁暴政的正氣。在慕尼黑市中心的大花園內，有置黑色大理石台座紀念白玫瑰運動。

慕尼黑大學中心大樓前的廣場號名做「肅烏廣場」，對面的廣場用仝案被處死的教授號名「宇帽教授廣場」。大學校門口兩個大噴水池嘛分別展示向肅烏兄妹和宇帽教授的致敬和思念。在全德國，真濟學校、街路和建物改用白玫瑰運動和成員的名，來提倡德國民族應該持守的精神。另外一位被處死的醫科學生亞歷山大．施摩瑞羅（Alexander Schmorell）是在俄國出世和受洗的德國人，二〇一二俄羅斯東正教會尊伊做俄羅斯境外的聖徒和熱情的傳播者，受世界各地的東正教基督徒的尊敬。

白玫瑰運動是二次大戰中，德國青年祕密串聯發展的行動，核心組織是五個慕尼黑大學生和一個教授，大部分是醫科學生。怹寫國是文宣印做傳單，大量寄到各城市，嘛會在城市建物的牆仔壁寫宣傳性的文字，啟發並呼籲德國人採取抵制納粹黨的行動，反希特勒獨裁好戰和反迫害猶太人以及交戰國戰犯和平民等無人道的邪惡罪行。

一九七〇年代，海外台灣留學生嘛是串聯採取類似行動，在海外各城市向台灣島內寄台獨宣傳品，圖謀突破支那黨的思想控制和新聞封鎖，予台灣人知影外來赤藍權貴建構的假「支那民國」民族壓迫體制，在台灣無合法性嘛無正當性的真相，注入台灣人著追求台灣獨立當家做主的觀念。當然，比較上，白玫瑰運動加真危險，因為當時在德國紙和郵票是配給品，怹要取得所需要的大批材料，需要逐小心的計劃。

白玫瑰運動這寡素質優秀的青年學生，攏有感受著納粹黨的極權嚴重侵犯個人自由，嘛發現民眾予官方媒體嚴重洗腦，致到思想被扭曲是非不分，失去追求真相做獨立判斷的能力。這寡青年學生因為有較濟來自醫療管道，和親身服役的可靠資訊，知影在戰爭中受傷和死亡軍兵的慘境，嘛知影猶太人在集中營遭遇的暴行。運動自一九四二年六月開始，到一九四三年二月十八肅烏兄妹在學校大樓掖傳單，被支持納粹的校工發現，被抓來結束。不過怹在這中間發出的六種文宣，後來被偷送到英國，由盟軍大量印製，繼續空投在德國各地，直到一九四五年五月歐戰結束。

肅烏兄妹著是在白玫瑰運動領導核心內底。怹出世在德國南部一個中上家庭，老爸是這個真媠的小城市的市長，有六個囡仔，漢斯排第二，頂面有一個大姊，蘇菲排第四。蘇菲十歲之時，老爸有換頭路搬去另外一個中型的古城。肅烏兄妹攏真聰明活潑，希特勒初初上台，兩兄妹代先攏對納粹黨充滿期待，積極參與青年團活動。老爸總是較老練，呷飯之時攏會教示囡仔，著愛有智慧追求真相判斷是非，總是並無阻止怹參加青年團活動。

肅烏兄妹是在成長的經歷中，由宗教信仰培養的正直靈性和智慧，予怹會當看出希特勒和納粹黨的邪惡，嘛看出納粹黨將帶來德國的災難。為著救自己的民族，漢斯結合大學的同窗，發起白玫瑰運動。蘇菲知情了後，嘛積極要求加入。照怹在文宣的先見，德軍在一九四二年八月發動的斯大林格勒之戰，在一九四三年二月初產慘敗，德軍戰死二十萬到廿四萬人、受傷五十萬、被抓十一萬。

納粹黨在軍事侵略慘敗後，反轉利用壟斷的國家宣傳機器，製造「芒果乾」危機，煽動閣較激烈的「全面戰爭」。當時德國民眾的無知，選擇服從獨裁者駛弄的社會氛圍，促使肅烏兄妹認為著加倍認真發傳單，撼動校園學生的覺醒，卻不幸行跡被發現。在審問過程中，蘇菲放棄幾擺可以個人脫身的機會，主動承擔責任要來掩護其他同志，已經起肖的納粹黨還是奪取恁和幾位同志的生命。

在肅烏兄妹行上斷頭台前，爸母來做最後的面會，老爸含目屎堅強勇敢講出：您是做對的代誌，我為您感覺驕傲！蘇菲前一冥著在起訴書後面留字寫「自由」，納粹的執刑紀錄記載，蘇菲和科里斯度佛攏坦然就義，漢斯在頭殼被斬落前大吼「自由萬歲」！

二〇二二年二月二十一日

能思想的草葉
——若沒有「頑強抵抗，絕不服從」的人，威權如何倒下？

蔡嘉凌

在《艾希曼耶路撒冷大審紀實》（Eichmann in Jerusalem）中，哲學家漢娜．鄂蘭（Hannah Arendt, 1906~1975）認為納粹高官艾希曼（Adolf Eichmann, 1906~1962）沒有思考能力，是「平庸的邪惡」（Banality of Evil）。於《責任與判斷》（Responsibility and Judgment）一書中，漢娜．鄂蘭對於這種惡有更多的說明：「……最大的惡人是因為從未對事情加以思考，因此記不得，又因為沒有記憶，所以沒有任何事情可以阻擋他們……若我拒絕記憶，實際上就是準備無事不可為——就像如果痛感是一種可以很快忘懷的經驗，那我絕對會橫衝直撞，無所畏懼。……最大的惡沒有根，也因為無根，所以無所限制，可能走到令人難以想像的極端，而席捲全世界。」

不同的「粉」正扮演邪惡的角色

近年來，台灣出現很多不同的「粉」。如果只是花粉，也就好治，服點過敏藥，就可以止住打噴嚏和喉嚨搔癢。然，這些粉，是如漢娜・鄂蘭所說的，對事情不思考，沒有記憶，橫衝直撞，無所畏懼，無所限制，非常極端。這樣的惡，必對台灣社會造成損傷，委實讓人憂心。然，若轉身回頭看看台灣的歷史，其實該充滿信心，因為，我們一直是堅韌的草葉啊。只是，暗暗地，在心底，仍有一抹擔憂，若這些惡，是強力除草劑巴拉刈呢？

被視為美國最偉大的詩人華特・惠特曼（Walt Whitman, 1819~1892），他的詩集《草葉集》（Leaves of Grass）從一八五五年第一次自費出版的十二首詩，經八次增訂，直到他辭世，最後的版本有近四百首詩。這本詩集，讓人認識美國，也深深影響美國社會，被認為是極為重要的一本書。

據說，《草葉集》與美國文學家、思想家的愛默生（Ralph Waldo Emerson, 1803~1882）在一八四四年所發表的文章〈詩人〉（The Poet）有關。在〈詩人〉文中，愛默生認為美國需要獨特的本土詩人，書寫有關新國家的優點與缺點。惠特曼在讀了這篇文章後，就立刻回應愛默生的想法，開始寫《草葉集》。

頑強抵抗　絕不服從　拒絕被騙

草葉，隨處生長，象徵每位有生命力的個體，也象徵正在成長發展的美國，當然，民主、自由、平等，就是惠特曼在書中傳遞之對美國的深切期盼。

讀首惠特曼的詩，〈獻給美利堅合眾國〉（To The States），感受他的情思吧！

獻給美利堅合眾國，或任何一州，或是任一個城市
「要頑強抵抗，絕不服從」
一旦毫不質疑地服從，立刻就會徹底地被奴役
一旦完全地被奴役，沒有一個國族，沒有一個州，沒有一個城市
能夠再找回自由

在二〇一六年，蔡英文曾說：「威權時期不是大家都選擇服從嗎？」也許很多人選擇服從，但不是「大家」。若沒有「頑強抵抗，絕不服從」的人，威權如何倒下？台灣如何得以慢慢成為民主自由和有人權的國家？當然這不是台灣專有的堅韌，放眼世界，那些民主自由有人權的國家，都有許多「頑強抵抗，絕不服從」的人民。風骨，聽起來是那麼高又遠的品

格，但，絕對不是「大家」都沒有。站在民主自由的土地上，說那樣無骨沒格的話，真是羞辱了那些讓人敬佩的勇敢台灣人，和踐踏了台灣人要深以為傲之爭取民主自由的奮鬥歷史。

看看歷史，好好思想，就會領悟到，不能輕易相信政府（即使是民主國家的政府），更不能隨意相信政治人物。英裔美國思想家、革命家的湯瑪斯．潘恩（Thomas Paine, 1737~1809）有句至今仍被視為非常重要的名言：「政府，即使在最好的情況下，是必要之惡；在最糟的情況下，則是完全無法忍受的。」（Government, even in its best state, is but a necessary evil; in its worst state, an intolerable one.）在台灣，因受中國政治思想文化的毒害，許多人總在尋求可以仰賴的明君和好官，也因此，一再一再地失望和咒罵。只是，在一次次的失望中，不會想要反省一下嗎？想想，為什麼總是難有明君好官？是不是權與錢會改變人？既然人不可信賴，是否要改信制度？還有，若求明君好官，怎麼會矛盾支持黑金黑道地方派系和含淚投票？究竟，在民主社會，我們的個人責任是什麼？

我想，先不要成為漢娜．鄂蘭所說的惡人吧，思想，要做一個能夠思想的人。再來，需要一種耐心，慢慢地觀看與聆聽政治人物的所言所行。還有，要能質疑，這是一種自我發問，進入思想的開始。若能做到這些，心裡的勇敢與誠實，就不會讓人蒙著眼睛去狂熱喜愛某個政府、某個政黨或某個政治人物，或深信自己就將發大財，或者為滿腦滿嘴歧視又親中的人辯護，也會關心活摘器官的議題，且會想搞清楚總統的學歷、論文是真還是假⋯⋯。善盡這樣的自我責任，就是種抵抗和不服從，就是拒絕被欺騙與被奴役，捍衛自由。

所以，草葉啊！草葉，千萬別輕易地說我是自由人，如果，你無法思想。

二〇一九年九月十九日

為你織件綠毛衣

蔡嘉凌

一九四三年五月，天還寒，穿著綠色毛衣的七歲克里斯蒂娜・席格（Krystyna Chiger, 1935~）和爸爸、媽媽、弟弟與其他十幾個人一起逃到下水道，躲避納粹的屠殺。驚慌中，他們遇到了下水道工人，但意外地，獲得了他們的幫助。

首先，熟悉汙水系統的利奧波德・蘇哈（Leopold Socha, 1909~1946）和史特凡・弗羅布萊夫斯基（Stefan Wroblewski）帶他們到較安全的地方躲藏，然後開始為他們二十一人購買食物。每個禮拜蘇哈還會把他們的衣物帶回家讓太太清洗熨燙。最後，他們把錢用光了，兩位貧窮的波蘭下水道工人和他們的太太仍繼續幫助他們。

在這無光的歲月裡，有人離開、生病、懷孕生子，或者死亡。小克里斯蒂娜則非常非常想念陽光、新鮮空氣和鮮花，也很想看看狗和馬。一度，她陷入憂鬱而無法說話，蘇哈帶著她，打開人孔蓋，呼吸新鮮的空氣，看看外面的世界，為她小小的心填入希望，找回了聲音。或者，在猶太人不能吃發酵麵包的「逾越節」（Passover），蘇哈帶給他們很多的馬鈴薯和一本他在猶太人區的空屋裡找到的祈禱書。

十四個月後，一九四四年七月，蘇哈為他們帶來戰爭結束的消息，存活的十個人爬出了下水道，蘇哈拿出伏特加，蘇哈的太太端出她烤的蛋糕，高興慶祝。蘇哈開心地說：「這是我的任務成果，我的猶太人。」（This is my work. These are my Jews.）

而後，十人各自落腳於歐洲、以色列和美國。一九四五年五月十二日，蘇哈為了救女兒，被迎面而來的蘇聯軍隊卡車撞死。在他的喪禮中，有人說，這是他幫助藏匿猶太人的懲罰。

一九七五年，凱倫牙醫師（kristina keren，長大後的小克里斯蒂娜）的父親花了三十年的時間，終於完成他的回憶錄。

一九九〇年，英國紀錄片製片人羅伯特·馬歇爾（Robert Marshall）以凱倫的父親的回憶錄為基礎，再採訪收集了其他倖存者的故事，寫成書：《在利維夫的下水道》（In the Sewers of Lvov）。（紐約時報）

二〇〇三年，「美國大屠殺遇難者紀念館」（United States Holocaust Memorial Museum）推出新展：《在陰影下的生活：被藏起來的孩子和大屠殺》（Life in Shadows: Hidden Children and the Holocaust），凱倫將她的那件綠色小毛衣借給紀念館展出，而後捐給紀念館。

二〇〇八年，凱倫和美國記者丹尼爾·佩斯納（Daniel Paisner）合著的《穿綠毛衣的女孩》（The Girl in the Green Sweater）出版。

二〇一一年，知名的波蘭導演阿格涅絲卡・霍蘭（Agnieszka Holland）改編馬歇爾的《在利維夫的下水道》所拍攝的《無光歲月》（In Darkness）上映，深受好評，並入圍八十四屆奧斯卡最佳外語片。

二〇一四年，美國華盛頓特區的麻醉科醫師、也是編織專家的莉雅・史特恩（Lea Stern），終於說服「美國大屠殺遇難者紀念館」的館長，獲准小心檢查和研究那件綠色小毛衣，研究出編織針法，織出小毛衣。然後，史特恩帶著幾件不同綠色調的小毛衣去到紐約長島拜訪凱倫，說明她怎麼織出小毛衣和她的小毛衣計畫。

史特恩將研究出來的「小毛衣的編織法」版權捐給「美國大屠殺遇難者紀念館」，紀念館的禮品店將「小毛衣的編織法」、一件小毛衣樣品和凱倫的書《穿綠毛衣的女孩》並排展示與販售。除此之外，史特恩也在編織社交商務網站 Ravelry 販售「綠色毛衣的編織法」，所有的錢都捐給「美國大屠殺遇難者紀念館」。

麻醉科醫師、也是編織專家的莉雅・史特恩（Lea Stern）因為《穿綠毛衣的女孩》一書，而發起推動小毛衣計畫，讓活生生的歷史，去提醒人們它是「仇恨與包容」的結果。

會整理出以上的故事，是因為日前知道了一個令人雀躍的消息——兌現選前承諾「選輸就退出政壇」的前立法委員姚文智先生，投入電影產業，即將開拍第一部電影《流麻溝十五號》。

我對猶太人的文化歷史和被屠殺的歷史之認識，都從看電影開始。每個故事都因為一部電影而讓我深深記得，甚至想要進一步去查資料，了解更多的相關人事。這樣的經驗，讓我體認到，除了文字檔案、出版書籍，將一個個二二八和白色恐怖的受難者故事拍成電影有多麼地重要。尤其，我們現處網路的時代，許多人喜歡觀賞影音遠遠勝過靜靜讀書，若將這些故事拍成電影，必定能增加台灣人認識這些故事的機會，而且，一定要配上英文字幕，才能登上國際舞台，讓世人認識與了解台灣的文化歷史和之所以能成為亞洲民主典範的原因。

當年，凱倫躲在下水道時所穿的綠色小毛衣，是祖母織給她的。在最初躲藏的地方，她目睹祖母被納粹帶走，祖母往她的方向揮手說再見的時候，被納粹打倒在地，最後死在「亞諾夫斯卡集中營」（Janowska concentration），因此，要把和祖母唯一的連結物捐給「美國大屠殺遇難者紀念館」，是困難的決定，但是凱倫認為：「如果我把毛衣留在家裡，沒有人會知道那些事。這件毛衣說了一個戰爭的故事。」——《以色列時報》

第一次在「美國大屠殺遇難者紀念館」看到綠色小毛衣的史特恩，也有類似的想法。編織專家的她覺得，小毛衣的編織針法是從沒看過的，應該會有許多人會想要嘗試編織這樣的一件小毛衣，如果可以研究出小毛衣的編織針法，關於小克里斯蒂娜和她的家人，以及幫助他們生存下來的勇者的故事，就會因為小毛衣一次又一次地被編織出來而繼續被講述下去，她想讓小毛衣成為活生生的歷史，去提醒人們它是「仇恨與包容」的結果。（針線活說歷史雜誌）

期盼，台灣有更多人如姚文智，願意投入拍攝有關二二八和白色恐怖的電影，就像史特恩織出綠色小毛衣一樣，去述說一個個受難者和其家人的故事，讓更多台灣人知道，這些悲傷、痛苦、殘忍的故事，其實同時也說著溫暖、善良、勇敢的美麗人性故事。這是這十幾年來，我每次觀看這類歷史電影的感受，也是我喜愛這些電影的原因，而且，每次看完這樣的電影，就開始期待與尋找下一部。

希望，有一天，在「亞馬遜的隨選影音」（Amazon Prime Video）會有《流麻溝十五號》這部電影。然後，我那愛爾蘭裔的美國先生的願望就終於可以實現——不必再透過太太，可以自己去認識白色恐怖受難者的故事。

姚文智，加油！

二〇二一年十一月十二日

希特勒・蔣經國・蔡英文

蔡嘉凌

於今，在西方國家，若有國家領導人或政治人物期許世人對希特勒有更深入了解及作更公正的評價，若沒被要求道歉下台，也一定被猛批到滿頭包。放眼受中華文化影響的國家社會，對於這種是非問題，有好些人總是有一種奇怪的、必須尋求平衡評價前領導者的思維，好像這樣才顯得公正客觀。

的確，蔣經國是有一些所謂「好的」行為和事蹟，但萬惡不赦的希特勒也是啊！像是，兼具實用與美學的「德國高速公路」（Reichsautobahn）就讓二戰盟軍最高總司令艾森豪（Dwight D. Eisenhower, 1890~1969）印象深刻，在當選美國總統之後，就推動《國家州際公路法》（Federal Aid Highway Act of 1956）來建設美國國家公路系統；或是，希特勒指示設計師保時捷・費迪南德（Ferdinand Porsche）製造一部能搭載一家五口的汽車，不只要讓每個家庭買得起，還要能在德國高速公路上達到時速一百公里的「人民的汽車」（Volkswagen，福斯汽車），二戰後，福斯汽車成為西德復興和經濟重振的重要因素之一；或者，希特勒執政時期，研製出世界上最早投入實戰使用的彈道飛彈 V-2 火箭（V-2 rocket），為全世界第一個太空飛行器；還有，推動禁菸運動和動物保護等等。以上這些，會比所謂的「蔣經國的貢獻」差嗎？但，誰會想要討論希特勒的功過，給予他更公正的評價？

請看看二〇〇二年七月一日生效的《國際刑事法院羅馬規約》（Rome Statute of the International Criminal Court）的「危害人類罪」（Crimes against humanity）定義：「是指那些針對人性尊嚴極其嚴重的侵犯與凌辱的眾多行為構成的事實。這些一般不是孤立或偶發的事件，而是出於政府的政策，或是實施了一系列被政府允許的暴行。如針對民眾實施的謀殺，種族滅絕，人體試驗，酷刑，強姦，政治性的、種族性的或宗教性的迫害，以及其他非人道的行為。」所以，一九七五年成為中國國民黨最高領導人、一九七八年成為中華民國總統的蔣經國，在其主政下發生了美麗島事件（一九七九）、林宅血案（一九八〇）、陳文成命案（一九八一）、劉江南命案（一九八四）等一再撼動國際社會的政治迫害與謀殺，蔣經國和他的中國國民黨就像希特勒與他的納粹黨，都犯下「危害人類罪」，不是嗎？

平時，對於有犯意的殺人放火者，有誰會說：「啊，其實他也是做了不少好事的人，法官要作公正的評判哪！」我想，應該沒有，就算真的有，也不敢公開說出來吧。然，蔣經國和其所帶領的黨國，犯下「危害人類罪」，而且，加害者們都還沒有被追究其罪行（仍肇事逃逸中），現在蔡英文竟說：「希望透過蔣經國圖書館所提供的資料，讓台灣社會更深入地了解，也能做更公正地評價，這將有助於化解台灣社會的分歧。否則在台灣，蔣經國永遠只是一部分人的蔣經國，有人記得他帶來的經濟發展與安全感，而另外有些人，則記得他代表的威權體制。」如此違反人類社會正常思維的言論，若是來自追隨中國國民黨「轉進」到台灣的中國人之嘴，還勉勉強強可以理解（注意，不是可以接受），但，來自追求民主自由人權起家的民主進步黨的黨主席、中華民國現任總統之口，豈止是荒唐，更是讓人難以忍受！

驚訝地，有很多人竟認為蔡英文說這番話是高招，稱讚她懂得怎麼拉攏人心，往中間靠攏，這讓中國國民黨將永無翻身之日，因為中國國民黨的神主牌蔣經國被民主進步黨搶過去了。這樣的看法若真是蔡英文的意圖，就是為求執政的道德淪喪，怎麼會是值得讚賞的高招？試問：想要有好成績而作弊或想當有錢人而去偷錢搶劫，是可以接受的行為嗎？如果不可以，那麼為什麼可以接受蔡英文這樣說？這就是雙重標準不是嗎？而且，為什麼面對中國國民黨，就得不擇手段？這樣，與自己所厭惡的中國國民黨，又有什麼不同？

事實上，真的該好好思想：蔣經國的「反共」是為了捍衛民主自由和人權嗎？如果是，為什麼他在台灣獨裁迫害人權？他的「反共」其實是中國的內戰——中國的兩黨對抗與爭權，也是剝奪迫害台灣島上的自由和人權的藉口。如此清楚的史實與事實，蔡英文怎能在過去安慰政治受難者及其家屬和紀念表彰民權運動者，現在卻期待台灣社會給予蔣經國更公正的評價？這究竟是道德淪喪？還是精神錯亂？

其實，希特勒也「反共」，厭惡馬克思主義，但這是因為馬克思（Karl Marx, 1818~1883）是猶太人，所以他認為馬克思主義是猶太人用來征服德國與世界的策略，因此，重點在他討厭猶太人，而不是純粹厭惡共產黨。所以，主張「要反共」，何不將「為什麼要反對共產主義？為什麼共產黨可惡可恨？」說明清楚。人民並不愚昧，對於是非、人道，都有清楚辨識與堅持的良知。

坦白說，評價前國家領導人到底有什麼困難呢？就是從檢視他是否犯下「危害人類罪」——獨裁和迫害人權——開始，如果有，哪裡還需要再談其他什麼經濟貢獻的事蹟，除非，自己樂意在無法自由發表言論、被監控、被謀殺迫害等情況下享有經濟發展的好處，或者自己就想如獨裁者領導治理國家。所以，身為總統的蔡英文要大家對蔣經國作更公正的評價，又有不少人附和讚賞，不能只是憤怒而已，更要憂心台灣的民主和未來。

小心！民主，真的，會倒退！

二〇二二年一月二十六日

伯斯現場觀察：不可忽視西澳的戰略重要性

鄭良瑩

在涼風習習的夏日午後，金髮碧眼的紳士淑女，穿梭於摩登高樓陰影下的購物街道，市區河川的兩岸，有看不盡的遊艇與美麗別墅，大眾運輸的車箱整潔明亮，生活品質全球名列前茅。

如果說，這個城市就在台灣的同一時區裡，你可能不相信。沒錯，「整株好好」，與台北同一時區的城市，不只有北京、上海、重慶或馬尼拉，還有位在鵝鑾鼻正下方六千零一十九公里的伯斯（Perth），她是西澳州（West Australia）的首府、台北的姊妹市、「下港」的下下下港。

這個月初，筆者坐了一整晚的飛機，中間在新加坡轉機，南來伯斯度假，這裡沒有時差，卻是冬夏顛倒。飛機抵達時，是清晨五時十五分，天色早已大白，機場檢查證照，護照影印一下就丟給你，一句話也沒問，海關也不囉嗦，完全符合我的個人旅遊標準：亂邦不入，證照囉嗦者也不去。

台灣人到澳洲旅遊，通常是到東澳的雪梨、墨爾本、布里斯本或大堡礁等地，很少到西澳，台灣移民來此也不多。在這裡旅行，不得不讓你溫習一下高中地理。

首先，伯斯及周邊地區，是所謂的「地中型海氣候」，全球有這種天氣的地方，沒有幾個：除伯斯之外，還有地中海、美國南加州、南非開普敦及智利中部。其共同特色是，位於有沙漠的大陸西海岸，緯度在三十至四十度之間，冬天受海洋影響，氣候溫暖，夏天則受大陸氣流影響，相當涼爽。

以上五個地方，以伯斯距離台灣最近，沒有比買一個「地中型海氣候」，更讓你覺得值回票價了。相對於台北的又濕又冷，這裡幾乎是天天豔陽高照，打了一個上午的球，也不會流汗，白天溫度在攝氏廿五度上下，中午有時會飆高到三十七度，但是在陰涼地方，還是很舒服。

其次，伯斯號稱「全世界最孤寂城市」，方圓兩、三千公里之內，完全找不到第二個比較大的城鎮。她的東邊是一望無際的乾燥草原、灌木叢林與沙漠，西澳人口不過兩百六十萬，伯斯就占了兩百萬，離開都會區之後，兩百六十五萬平方公里的土地，幾無人煙。

伯斯西邊則是被稱為地球大黑洞的南印度洋，船隻很少來到這區域，也沒什麼小島散佈其間，二〇一四年一架馬航飛機在伯斯附近海域失蹤，殘骸至今還找不到。

第三，西澳農礦豐富，每人州內生產毛額（GSP）高達八、九萬美元。雖然近年來資源產業前景不佳，但艾克遜美孚、雪佛龍、荷蘭皇家殼牌及總部設於伯斯的伍德賽德

（Woodside）等大石油公司，仍以五百一十億美元大舉開發西澳天然氣，西澳可望繼卡達、俄羅斯之後，成為世界天然瓦斯的生產重鎮。

西澳對中國的原物料出口在二〇一三年一度高達五百億美元以上，最近因中國經濟走緩，才回降到不到四百億美元，中國進口的鐵礦砂65％來自西澳，中國也在西澳投資資源開發。澳洲曾與中國在二〇一四年簽了自由貿易協定，所謂澳中經濟關係，指的還是西澳與中國的農礦貿易與投資關係。

西澳與中國經濟關係如此密切，最近川普與蔡英文通電話的新聞，在此地報紙也引起一陣子的討論。前幾天在伯斯訪問的美國駐澳代理大使說，如川普兌現競選諾言，對中國進口課徵45％關稅，中國經濟垮了，澳洲經濟也會受影響。一位親中的華僑在報上恐嚇說，美中關係惡化，澳洲還跟著美國，「小心會像隻肥羊給宰了」。

這位曾經被爆料資助澳洲聯邦參議員及國會議員，鼓吹澳洲支持中國南海立場的仁兄可能不知道，西澳賣鐵礦砂、小麥等原物料給中國，是給中國好處，而不是中國給她好處。原物料是戰略物資，只有原物料及軍火可成為外交工具，中國出口大宗的消費品，才是受制於人的肥羊。

筆者三十多年前到東澳出差，還曾經被當地人揶揄，你也是「台灣製造」嗎？

因為當時澳洲從沙灘椅到電子成品，充斥著「台灣製造」，現在百貨商場已很少看到台灣的製成品，本地人聽說我從台灣來，沒有不脫口說「我喜歡台灣」的，沒有人再提「台灣製造」。「台灣製造」充斥時，台灣形象不好，現在「台灣製造」變少了，台灣形象反而變好。

三十多年前我在墨爾本一個電話亭裡，便看到「反對亞洲貨」及「反對亞洲移民」的宣傳標語。早在二次大戰之前，澳洲有所謂的「白澳政策」，只歡迎歐洲白人移民，對亞洲移民特別是中國移民，則百般刁難，例如當地家具工廠，如雇用中國勞工，便規定需註明Made by Chinese Labor（中國勞工製造），各種的歧視政策，直到一九七三年才完全廢止。

伯斯外港的弗里曼特爾，有一個「西澳海事博物館」，述說當年來歐洲人篳路藍縷，橫渡兇險的印度洋，登陸弗里曼特爾的故事，外面廣場還用大理石，刻著所有上岸者的名字，全部是英國或其他歐洲姓氏。至於亞洲移民則沒有什麼著墨，亞洲移民不是「投資移民」，就是「技術移民」。這裡開計程車的，大多是來自印度的「技術移民」。

緊接伯斯市中心的南邊，有一個可以俯瞰都市天際線的四百公頃山丘公園，公園矗立一座紀念「澳紐軍團」（ANZAC）參加第一世界大戰的陣亡將士紀念碑，每年四月二十五日的「澳紐軍團登陸土耳其紀念日」，都有幾萬人來此獻花致敬。這是全國性假日，第一次世界大戰距今已一百零二年，為什麼到現在還在紀念？因為它代表澳洲人的國家認同。

百年來澳洲人都是與英國人及美國人併肩作戰，曾祖父輩打第一次大戰，祖父輩打第二次大戰，父親輩打越戰，後來又有伊拉克、阿富汗戰爭，直到現在，盟軍對伊拉克北部的轟炸，仍然有澳洲戰機參與。這種生死與共的關係，在未來幾代可能都不會改變。

即將上台的美國國防部長馬提斯當過阿富汗美軍司令，他對於澳大利亞士兵當他側翼的表現，大表讚揚，他認為戰爭勝利的一方，一定是盟軍多、能合作的一方，有時把陣勢擺出來，便可不戰而屈人之兵。此間媒體評論認為，馬提斯對於西澳的戰略評價，一定會有比前朝更積極的看法。

在弗里曼特爾的南邊海灘，可以眺望一座有十公里長的狹長小島——花園島（Garden Island），現在這個島已列為要塞禁區，它本來是澳洲在印度洋的海軍基地，據傳美國可能用它作為其核子潛艇基地。美國海、空軍很早就在西澳設有多處通訊站、雷達站、衛星接收站及氣象台，二〇〇三年美國入侵伊拉克期間，美國也曾以伯斯作為海軍補給及人員換班基地。

西澳是澳洲最接近南海與東南亞的前沿基地，西澳的龐大面積與綿延無際的海岸線，讓敵人面對它時，真不知道如何出手，說它易守難攻，一點都不為過。將來台灣、東南亞受到中國攻擊時，西澳必將承擔支援的任務。

此外，西澳的能源、鐵礦砂及糧食出口，也是她的另一個戰略價值，她的天然氣可以讓歐洲天然氣供應不受俄羅斯宰制，她還可以配合美國的全球制裁，對中國實施禁運。西澳不賣糧食不會有人餓死，中國不進口糧食，就可能有人餓死，這些都會成為美國與中國攤牌的籌碼。

西澳對於台灣的戰略重要性，台灣官員不知有沒有人去注意？西澳州總理（相當於州長）最近帶團前往新加坡、上海、東京訪問，台灣過門不入，顯然與台灣的關係並不怎麼密切，來到伯斯的觀光客，也是以新加坡旅行團最多。伯斯在一九九九年馬英九市長任內，與台北締結姊妹市，不知柯文哲市長何時率團來訪？

週六中午，伯斯市中心人潮熙攘，幾條主要購物街都裝飾了聖誕燈飾，隨處可聽到悠揚的聖誕歌曲，這裡和台北一樣，過的是沒有雪人、雪橇的「綠色聖誕」，每一個人看來都是興高采烈，帶著一種期待節慶的心情。西澳人喜歡熱鬧，一如「下港人」，台灣人攤開世界地圖，如看不到伯斯，可以說是「目光如豆」吧。

二〇一六年十二月十八日

兩岸和平靠嚇阻

鄭良瑩

最近我看國內電視談話節目，主持人問中共如武力犯台，台灣能抵擋多久？有個名嘴說「三日」，另有一個說「兩星期」。我在松山機場看到一部國防部製作的宣傳影片，並不是這麼說的。這部影片說，台灣人「因為有愛」，守衛這塊土地的決心「沒有期限」。

在上個月《民報》與亞太發展基金會合辦的一項研討會上，國防部另有一位與會將領說，兩岸爆發戰爭，台灣人要有獨撐半年的準備，以等待美國完成戰爭動員。

赤手空拳的香港人爭自由，都可撐過半年，台灣兩千三百五十萬人對抗入侵及占領，獨撐一年半載有何不可能？

台灣不只擁有海峽天險與高山地形，也擁有反制敵人船艦與飛機的各式精準導向武器，飛彈打完了還有美國源源補給，到緊要關頭，甚至可能重演一九五八年台海危機，在台布署戰術核彈。現代軍事科技有利於防守的一方，看你的機艦多，還是我的飛彈多。

台灣是一個相當要塞化的島嶼，全島到處是碉堡、坑道，從日治時期到蔣介石治台，就是把台灣當一個軍事基地在建設。根據美國CIA資料，小小台灣，已知的軍民用飛機場就高達三十七處之多，密度堪稱世界之冠。這還不包括兩條可改為飛機跑道的高速公路。

「兩千顆飛彈對準台灣」又如何？以前有位國防部長形容中共飛彈打過來的情況說，「就像歷經一次九二一大地震」。意思是，不過是如此。二〇一七年美國曾經從地中海的軍艦發射五十九枚「戰斧飛彈」攻擊大馬士革附近的機場，雖然都說「命中目標」，但機場很快就修復，數小時之後，敘利亞戰機照常從該機場起飛。

麥克阿瑟曾比喻台灣是一艘「不沈的航空母艦」，台灣的陸基型飛彈部隊，靠地下電纜通訊，不靠衛星通訊，比實際的航空母艦更不受中共電子戰的干擾，而彈藥更充足，火力更強大，可以制陸、制海及制空。制海可攻擊船隻、艦艇及投射水雷，讓整個東海及南海陷入戰火。制空可讓台灣戰機無後顧之憂，全力用於反制敵區。

台灣擁有承受中共第一波攻擊的能力，因為台灣的飛彈是隱藏在山區道路移動的，戰機也擺在山洞待命，而戰爭一開打，偽裝的飛機及飛彈將無所不在。我讓你飛彈誤射，跟打下你，效果是一樣的。一九九一年第一次波斯灣戰爭時，美國空軍曾出動一千五百架次去攻擊伊拉克「飛毛腿」飛彈發射車輛，據報沒有一次達成任務。台灣的地形比起空曠平坦的伊拉克，更易於保存飛彈戰力。

和平靠嚇阻　嚇阻靠決心

重點不在於台灣人打一場島嶼保衛戰的能力，而在於使用這能力的決心。美國前國務卿季辛吉曾說，嚇阻（Deterrence）是我方能力、決心，以及敵方對我方能力與決心相信程度的乘數，而不是加數，三者中任何一個因素降為零，嚇阻力隨之降為零。你說台灣只能撐三日或兩星期，如北京信了你，正好招來戰禍。

世界和平包括台海和平在內，是靠美國及其盟邦的嚇阻政策維持的，美國的嚇阻不只針對美國本土的攻擊，也包括對盟邦及安全夥伴的攻擊。美國不保護日本、韓國、德國或台灣，這些國家都會發展核武，這是必然的。冷戰雖已結束，但北約、美日、美韓、美菲、美澳紐等安全條約沒有一個被廢止。美台條約被廢止了，但用「台灣關係法」取代。這一套安全體系像是太陽每天從東邊出來，認知它的存在不過是一種常識。

美國今年八月退出有三十四年歷史的美俄中程核武條約（INF），兩星期後，美國國防部便在加州外海小島試射了一枚原本屬於禁試範圍的陸基型中程導彈。這種射程為五百到四千公里、可涵蓋中國全境的中程導彈，最終將部署在第一島鏈以及澳洲、印度，以反制中國飛彈對美國航空母艦的威脅，確保美國的嚇阻力。

和平靠嚇阻，嚇阻靠決心。台灣總統的責任，就是凝聚國人決心。小國對抗大國，只要不是孤立無援，就會有士氣與勝算。台海戰爭拖愈久，愈對中共不利，美國及其盟邦的毀滅性報復行動，會讓她得不償失，甚至危及政權。即使是流氓也怕死，她最怕的是遇上不怕死的。

十六世紀領導英國擊敗西班牙「無敵艦隊」的伊莉莎白一世曾說，「朕以常識治國」。常識就是「用腳想就知道的道理」，是脫離意識型態的。「資金大量外移，會影響工資水平」是常識，「投資不能過度集中大陸，要分散」也是常識，「兩岸和平不能靠一張紙，要靠嚇阻」更是一種常識。現在大選方酣，我們看總統政見，只要看有無常識就可以了。

二〇一九年十二月二十二日

台灣當然不是阿富汗

鄭良瑩

「戰爭是完成勝利的一連串災難」，法國二十世紀初名相克里孟梭如是說。阿富汗變天，媒體播出難民蜂擁搶登飛機的畫面，災難歸災難，美國總統拜登及國務卿布林肯，都不認為美國是輸家。美國二十年的「反恐戰爭」（War on terror）沒有讓全球恐怖主義活動銷聲匿跡，也沒有成功改造穆斯林世界，但美國本土確實是沒有再發生過重大的恐攻事件，恐怖份子的巢穴被清剿了，網絡被粉碎了，美國達成了它的戰略目標，這是最根本的成敗論。布林肯說，阿富汗戰爭「任務完成」。

阿富汗是台灣的「前車之鑑」嗎？台灣當然不是阿富汗，阿富汗十九世紀便是俄羅斯帝國與大英帝國之間的緩衝國，戰後則為美蘇兩大勢力的緩衝國，在一九八〇年代「一度」落入蘇聯掌控，本世紀頭二十年又「一度」落入美國掌控，現在只是恢復了她傳統的緩衝國地位。美國本來就不把阿富汗納為其勢力範圍，她是一個「失敗的國家」，很難替她平定地方山頭，也很難扶持一個能治理的中央政府，若非塔利班庇護發動九一一恐攻的蓋達組織，美國是不會入侵阿富汗的。

台灣與阿富汗是不同的世界

至於台灣，戰後七十多年來，便一直是在美國的勢力範圍之內，受美國的安全保障與經濟提攜，並憑本身努力與條件，發展為一個民主與開發成功的典範，台灣不是一個「失敗的國家」，不會有槍桿子革命，只有為自由而戰的保台戰爭。「台海安全」與「台灣安全」有點小差別，美國比較常提及的是前者，「捍衛台海安全」當然是特別針對外來侵略。對美國人來說，捍衛台海安全是一場更大的地緣政治鬥爭，其重要性關係美國的全球霸主地位，與阿富汗反恐戰爭，不能相提並論。

台灣與阿富汗是兩個不同世界，一個處於有秩有序繁榮進步的東亞，一個處於無法無天貧窮落後的西亞。東亞能有今日，一樣是得助於美國的安全保障與經濟提攜，從一九五〇年代日本的戰後復興開始，到一九八〇年代對中國的開放。尤其過去三、四十年間，美國用市場、技術、資金，不間斷支持中國的現代化，其間日本、台灣、南韓都扮演了關鍵的中介角色（中國出口商一百強有三分之一是台商，其出口值占四成以上，美國是主要市場），中國因此才能由一窮二白，努力到今天一萬美元每人GDP的中所得水準。今天美國東亞貿易占有其全球貿易的四成左右，這是一個對美國利害關係重大的區域。

美國矛頭已轉向中國

根據美國當年襲殺賓拉登取得的大量資料，賓拉登從沒想到美國會發動戰爭攻打阿富汗，他還天真以為美國老百姓會走上街頭，要求政府與伊斯蘭世界和解。賓拉登的左傾幼稚病闖下了大禍，美國不僅佔領阿富汗及伊拉克，還以特戰部隊、無人機及各式精準飛彈，到處襲殺恐怖組織的頭子，不僅如此，美國還鼓動了「阿拉伯之春」的革命狂飆，利比亞、埃及及突尼西亞的獨裁者相繼倒台，敘利亞岌岌可危，整個回教世界惶惶不可終日。

今天美國在阿富汗的利益已不若九一一事件發生時重要，美國的矛頭已轉向中國，如有人還要一再低估美國捍衛台海的決心，那是犯了賓拉登一樣的左傾幼稚病，等於是鼓勵中國共產黨賭上這四十年的區域合作成果。美國國防部長奧斯汀說，我們對敵人的威嚇是要讓他們「牢牢記住」（Fix in the mind）武力蠢動一定是得不償失。戰爭是一連串的災難，看不完的，但奧斯汀的警告不能不聽。

二〇二一年八月十八日

南島語族尋根之旅是台灣最大的旅遊資產

鄭春鴻

大約在二十幾年前，我寫了一篇〈兩個大陸〉，開頭我是這樣寫的：

一棵樹可不可以到處走走，去拜訪另一棵樹，看它的樹幹長得挺不挺？葉肉肥不肥呢？一朵花能不能去拜訪另一朵花，看它開得豔不豔、香不香呢？

不行，因為它是植物。

那麼動物就可以四處蹓躂，去瞧瞧別的動物是怎麼過日子的嗎？

貓狗雞鴨恐怕不行。對牠們來說，過一條較寬的馬路都得冒生命的危險，我懷疑牠們會不會很熱衷於旅行。牛羊豬馬活動範疇稍大，但頂多也是區域性的漫遊。獅狼虎豹很兇猛，本來該有較寬廣的旅行空間，但正因為牠們太兇猛了，威脅到另一種比牠們更兇猛的動物——人，牠們的地盤反而愈來愈小。至於魚類，雖然生活環境舒適寬敞，但總限於海底。

我們經常羨慕候鳥翻山越嶺、飄洋過海，跨洲飛行，到處作客。但因牠們多半是為了氣候的關係而遷徙的，牠們的飛行雖然不必一定稱做逃難，而心情上似乎也不見得覺得自己是在旅行。

這樣說來，在生物界唯一有資格到較遠處旅行的，就只有人了。而換個角度想，既然如此，倘若一個人一輩子從來沒有到過較遠的地方旅行，那豈不枉生為人了嗎？

你都怎樣分享你的旅遊經歷呢？除了吃喝玩樂聽看買……

當今，旅遊已經變成一門學問了。旅遊文化，至今已十足的大眾流行文化，也是典型的大眾地理文化，它將各類神聖文化、高雅文化的空間場所（皇宮、貴族庭院、教堂廟宇、高等學府）與地方特色空間（古村落、古城邑、自然絕景）統統改造為大眾旅遊文化空間。這些過去庶民不可能駐足的地方，為了滿足現代人的「虛榮心」，旅行社總要安排大家「到此一遊」才不虛此行，絕大多數的旅客被長期地洗腦，也要求導遊非帶他們去這些「名勝古蹟」，至少拍個照，才值回票價。殊不知，千里迢迢地來到一個這樣有歷史背景的「景點」，為的只是拍幾張相片留念，才真是吃了大虧，除非你在抵達前對這些文化空間有一定的了解，至少，行前也要惡補一下，先弄清楚你要去的國家之歷史、地理背景，否則當你歸來，羨慕你有能力去玩的友人，要你說說旅遊見聞，你能說的大概就只有吃喝玩樂聽看買，和你長途跋涉去的地方，關係不大。

台灣帶給世界的禮物：南島語系的中心

旅遊成為人類的全民運動，不過，時下的旅遊真能帶給人甚麼特別的意義嗎？現代人之旅行，一般只是時尚。見友人每年都要攜家帶眷出國吃喝玩樂聽看買，連帶有一種「責任」，如果自己沒有行禮如儀，恐要愧對妻小。事實上，極少數人仔細想過，只把旅行當作「放鬆」、「享樂」不免可惜，但是除了享樂，旅行又能如何？特別是台灣，這個極力想要爭取國際能見度的地方，當每年超過一千萬人來台灣旅遊，接待這些自己花大錢，不請自來的外國客人，我們除了吃喝玩樂之外，有沒有甚麼「台灣價值」可以「置入性行銷」的呢？

台灣是一個旅行的好地方，但是我們見到台灣對自己的旅遊賣點，好像只有宣傳台灣的小吃、台灣的水果好吃；最多就加上台灣的人情味。其實，台灣最大的旅遊資產在於原住民文化。美國加州大學洛杉磯分校教授賈德・戴蒙（Jared Diamond, 1937~）二〇〇〇年在世界頂尖的科學雜誌《自然》（*Nature*）上發表了一篇〈台灣帶給世界的禮物〉（Taiwan's Gift to The World）上說，台灣是南島語系的中心，這是世界上分布最廣的語族，約有一千兩百種語言，東起南美復活節島，西至非洲馬達加斯加，真正縱橫四海兩萬六千公里，其源頭都是台灣原住民。

台灣原住民一直過著從一個「監獄」進到另一層「監獄」的日子

南島語系十個南島語亞系中，有九個集中在台灣，表示台灣是南島語系的原鄉。由於南島語在台灣已經說了幾千年，因此有顯著的分化歧異。其他的南島語，西起馬達加斯加，東至復活節島上的，都是台灣出發的祖先群使用的語言在後來才衍生出來的。身為台灣人，這是多麼令人驚喜的事啊！我們可曾聽過台灣政府的觀光單位，以「南島語族尋根之旅」來號召這個世界最大的語族前來台灣觀光？政府曾經投下多少經費和心力進行「南島語系」的語言，找到更多像「麻豆」（南島語中的「眼睛」）、「艋舺」（菲律賓話的小船是banga，這和台語發音相似）等單詞，使橫跨兩萬六千公里，同一語族的各國人士對台灣這塊土地有更深的情感呢？

台灣歷來的政府不但不真正懂得珍惜原住民文化，反而任其被同化、破壞、凋零。原住民部落守護聯盟的Kavas牧師表示：「我們（原住民族）很早期就已經在監獄裡面了，明天就是進到另外一層的監獄。」原住民被迫遵守外來政府的法律，原住民的生活、文化，一再地被侵犯。

「菁英文化」不再是社會文化的主宰者

旅遊，很顯然地是流行文化最佳的入口。我們不花一文錢，每年吸引了一千萬人的國外旅客，正是台灣最佳的宣傳大使。只要我們懂得找出台灣的亮點，讓他們拿起相機猛拍，回去願意將他們看見的台灣文化分享給他們的親友，這才是最大的營收。捨此不為，還在汲汲營營地鼓吹讓這些外國友人多買幾盒鳳梨酥，多逛幾處觀光夜市，豈不目光如豆？

故宮博物館雖然是台灣重要的旅遊資產，但是這種清宮裡的「菁英文化」並不是一般旅客可以立刻感動的，多半只是走馬看花，到此一遊。反而，流行文化的迅速擴展，使「菁英文化」不再是社會文化的主宰者，流行文化開始主宰社會。邊緣文化、底層文化匯入流行文化而搶佔空間。進入了這樣的氣氛中，知識份子雖然更加自由，卻失掉了對社會的影響力。大量文化形式轉化為產業，成為消費資源。我們可以爭取的不僅是「知識經濟」，也是「文化經濟」。「南島語族尋根之旅」，便是可以大大宣導的台灣旅遊新路徑。

學術知識是流行文化的重要資源

事實上，先進國家無不將類似「南島語族」這種旅遊資產視為瑰寶，大加開發。一些學術知識是流行文化的重要資源。地理知識從來就貼近大眾，如今更捲人流行文化、時尚文化，在市場中暢行。美國的《美國國家地理》（National Geographic），加拿大的《加拿大地理》（Canadian Geographic）和英國的《地理雜誌》（The Geographical Magazine）都有很好的市場效益。中國的《中國國家地理》、《華夏人文地理》亦是如此。史學、考古學的一部分知識內容也轉人流行文化，將「話語權」從歷史學家或考古學家手裡搶過來。我們可曾看到，台灣的觀光官員在此著力？頗具水準的台灣的《光華雜誌》還是在威權時期開辦的，民進黨政府口口聲聲愛台灣，我們哪裡看到他們也辦一本《光「台」雜誌》？

最令人懷念及讚揚的是《今日世界》雜誌。《今日世界》是美國國務院在遠東創辦的「宣傳」刊物之一，全部中文；初由香港的美國新聞處主辦，後改稱為美國國際交流總署香港分署。早、中期內容包羅萬象，有國際政治動態、科學新知、音樂、舞蹈、美術，和文學的新秀與新潮介紹，以及小說創作、書評、學生園地、服務欄等。張愛玲的反共小說《秧歌》、徐訏的《盲戀》，都係早期《今日世界》所刊載。它是「不折不扣」的「宣傳刊物」，但是它的讀者是那麼樂於「被宣傳」，實在是非常成功的國家行銷。旅遊，不只帶人玩，在吸引人來玩之前，必須要有像《今日世界》一樣的刊物，現在還得加上影音多媒體的材料，才能吸引更多的國外觀光客。我們看到台灣在這方面做出哪些努力？

目光不要只見旅客到台灣平均花了多少錢

文化資產的活化，使旅客「到此一遊」對旅遊地有進一步的情感聯繫，這才是最大的利多。對台灣而言，爭取觀光客不只是「拚經濟」而已，更要跟外國旅客「搏感情」。在各國觀光客人中，我們尤其要特別看重來自中國大陸的遊客。這些大陸友人與台灣隔膜半世紀，如今好不容易花下他們積蓄很久的金錢，來到台灣想看看這塊土地的風光人情，我們的旅行社卻讓他們「起得比雞早，睡得比狗晚，吃得比豬差」，能剝兩層皮，不會只剝一層皮，這是甚麼待客之道？我們的觀光體系，不知如何抓緊機會讓這幾百萬的大陸友人多認識台灣、多了解台灣的處境、多知道台灣人心裡真正的感受；反而揶揄甚至仇視排斥，真是委巷小家子的心胸。

當國外人士在猶豫下一次的旅遊，要選擇日本、韓國、香港、菲律賓、泰國，中國大陸還是台灣時，想要抓緊一些材料來「惡補一下」了解台灣時，我們手上有那些讀物，包括多媒體資訊，可以讓他們快速取得，打動他們的心呢？對旅遊國來說，如果眼睛所見的只是每一個旅客到台灣平均花了多少錢，你說，這種政府只要找一些會打計算機的人來幹便好，還能有甚麼遠見？

二〇一九年十二月十六日

新聞暴力下的你和我

鄭春鴻

台灣的電視新聞真應該被列為「限制級」

你每天看電視新聞嗎？你會不會覺得世界就像理髮店旋轉招牌的「螺旋條紋」一樣越轉越低？台灣的電視新聞真應該被列為「限制級」，不准兒童青少年觀看，因為天天看會學壞，至少會以為我們的社會真的那麼「壞」，慢慢地就變成一個憤世嫉俗的人，不肯相信別人，自私自利。新聞報導裡充斥著恐怖、犯罪、污染、不公、鬥毆、吸毒和壓迫的各種消息。它們不僅僅成為頭條新聞，還是新聞專欄和長篇報導的關注熱點。許多雜誌的封面文章也發出各種警告，提醒我們即將爆發的混亂、瘟疫、傳染病、崩潰、健康、退休、福利、能源、赤字等其他方面不計其數的各種「危機」。為了讓報導上報上節目，記者不得不誇大其詞，將它們升級為「嚴重危機」。

新聞一經「製造」都是一種暴力

新聞關注的本來應該是「發生的事」，而糟糕的是現在的新聞連「沒有發生的事」都被報導成「發生的事」，最常見的就是「政治新聞」。新聞暴力幾乎無時無刻不在侵犯你和我。過去，我曾經是一名報紙的新聞編輯，有人問我：「很奇怪呢！你們真厲害，每天都可以找到那麼多新聞，而且把它編到一個版滿滿的，沒有多一個字；也沒有少一個字呢！」我聽了當然笑歪了，但朋友的問題，正好問到「新聞的祕密」。沒錯！每天哪來的那麼多新聞，讀者不知，我們是「有新聞刊新聞；沒新聞製造新聞」。新聞一經「製造」，無論是新聞還是評論，對無辜的讀者來說，都是一種暴力。

難道台灣全都是壞事嗎？好事在哪裡？

這種暴力可以說俯拾即得：網路謾罵是暴力；社會不公不義是暴力；環境污染是暴力；貧窮是暴力；消費主義是暴力；離婚是暴力；廣告是暴力；肥胖症是暴力。連對暴力進行資料統計也是暴力。無論世界是否真的變得越來越糟，我們的認知都會受到新聞的影響。難道台灣全都是壞事嗎？都沒有好事可以報導嗎？其實，好事和壞事是在不同的場域中並時地展開的。新聞是更接近現場直播的「賽事解說」，它關注的是「離散事件」。以前報紙限印三張的威權時期，新聞是跟著前一天發生的事寫的，現在則變成了幾秒前，新聞就跑到你的手機上，還會大叫。昨日地震，你的手機不也叫了，那就是新聞。

壞事往往很快發生，但好事卻好像不是一天就能完成的，因此它們的進度與新聞出版週期並不同步。挪威社會學家，和平與衝突研究專家約翰．加爾通（Johan Galtung, 1930~）曾經這麼說：「如果一份報紙每五十年出版一期，它就不會報導這半個世紀裡的名人八卦和政治醜聞，它關注的將是世界性的重大變化，例如人類平均壽命的增加。」新聞既然不是「歷史的初稿」，記者和編輯也就樂得恣意撒野，愛怎麼寫就怎麼寫；愛怎麼編就怎麼編。只要有人愛看，只要廣告進得來就好。

她很煩、很暴力　但定不了她的罪

雖然在臉書、推特等社群網站上發表低俗的貼文，是一件令人惱火的事情，但這與販賣奴隸或種族屠殺顯然不可同日而語。卡神楊蕙如把事鬧那麼大，為什麼檢察官只以輕罪「毀謗官署」，即使成罪也可以易科罰金來起訴她呢？因為她幹的事，雖然令人很煩，很暴力，但酸民環伺的今日好像也很稀鬆平常。想要挽救世界需要瞭解事體的因果關係，雖然原始的道德直覺習慣於將所有壞事混在一起，從而找出某個「代罪羔羊」或「領頭羊」來承擔一切責任，但這些「壞事」之間並沒有確切的聯繫，我們很難將其作為一個整體來進行理解，或全部消除。戰爭、犯罪、污染、貧困、疾病和野蠻等壞事之間都沒有什麼共同之處，更何況在網路上詛咒人去死。如果想要減少它們，就不能玩「文字遊戲」來給他定罪了。

乞靈於「新聞」來探知真相是可笑的

新聞的這種本質，很可能讓人對世界產生錯誤的觀感，這是因為人類的心智存在「漏洞」。經濟學家、心理學家有一種說法叫做「可得性啟發式」（availability heuristic）：人們往往依據容易想到的例子來預測某類事件的可能性或者出現的頻率。這種「可得性偏差」是人們做出「錯誤推理」的一個普遍原因。到海邊渡假的人不敢下海，因為可能是他們不久前讀過鯊魚襲擊的故事，或者剛剛看過電影《大白鯊》。飛機失事總是成為頭條新聞，但大家都知道死於車禍的人其實更多，車禍卻很少引起關注，因此毫不奇怪，許多人害怕坐飛機，但幾乎沒有人害怕開車。從此，你大概可以體會到，乞靈於「新聞」來探知真相，其實是可笑無用的，新聞記者非常清楚閱聽大眾都已經都「吃重鹹」了，「喜歡被暴力」，所以他們每天端出來的菜都打死賣鹽的；最好盤中的魚會自己跳起來，打你一巴掌，你會更興奮。

狗咬人不是新聞　人咬狗才是新聞

因此很容易明白，在「無流血，不頭條」、「狗咬人不是新聞；人咬狗才是新聞」這類新聞原則的助燃下，「可得性偏差」是如何引發公眾對世界現狀的悲觀情緒的。媒體學者對不同種類的新聞報導做過統計，他們也將一些新聞素材拿給編輯，看他們從中選取了哪些素材，以及如何表現這些素材。通過研究，學者得出了可靠的結論：在面對相同的一組事件時，新聞傳播者更熱衷於其中的「負面事件」，而非正面的消息。為搶佔社論版面的悲觀主義者提供了一種簡單易行的寫作模式：列出本周發生在世界各個角落的所有壞事，並由此得出一個聳人聽聞的結論——現代文明正面臨前所未有的危機。

負面新聞本身就會產生負面的後果，形成一種新聞暴力。大量閱讀新聞的人非但不能更好地瞭解現實，反而會對現實產生誤判。他們對犯罪問題更為憂慮，即便犯罪率正在不斷下降。有時他們還會完全脫離現實。

治療「新聞暴力」的良方：讀小說、看電影

新聞分成「純報導」及「新聞評論」兩個領域。在嚴肅的「新聞學」中，這兩個領域是

不能混淆的。現在，媒體上的「報導」及「評論」經常是不分的，夾敘夾議的報導，幾乎已經是媒體內容的主流。這個在「新聞學」上犯規的報導，使新聞真相離我們越來越遠。

在新聞暴力下的你和我，要怎樣在這種亂世中趨吉避凶呢？智識，本應該努力消除我們的「認知偏差」，但相反地，越多的智識卻在時刻強化這些偏差。智識階層，包括一些衛道之士，也缺乏處理消極偏見的能力。事實上，對壞事發生的高度警惕為那些專業的挑剔者提供了一個市場，他們將閱聽大眾的注意力吸引到可能忽視的壞事上。

我願意提出淺見，治療「可得性偏差」，有一個創造性的建議，我的處方是閱讀「虛構的故事」，包括讀小說、看電影。一個人只有一個人生，但是多讀一篇小說，或多看一部電影，就等於多活一個人生。我們的人生通常平淡無奇，但是小說和電影的人生，作者為了多帶給讀者思考的「觸點」，劇情的跌宕總會發人深省。在新聞暴力下的你和我，可以從虛構的故事中找到靈感來療癒自己。小說家比歷史家經常能提供更多的人生真實。小說和電影的故事等於給自己打預防針，好讓自己不會在悲喜之間，心緒有太大的起伏，幫助我們在新聞暴力下所受的傷害，走向康復之路。

二〇一九年十二月十七日

帶風向？別傻了！

鄭春鴻

社會科學家們曾經認為，經過強化洗腦後，即使是一個謊言、教條、偏見，都會使一個受過教育的人認為是他們都應該信服的「道理」。人會變成一群綿羊，人如綿羊般地懦弱、可憐。

「人如綿羊」（People are sheep）這一觀點是科學家提出的，然而大多數人都不願意這樣評價自己，他們只會說順從是不願惹麻煩、只是遵守規則。心理學家所羅門・阿希（Solomon Asch, 1907~1996）在一九五六年曾做過著名的「阿希從眾實驗」（Asch conformity experiments），他說：「我們發現從眾的現象在社會中非常多，導致正常、善意的年輕人都會因此而顛倒黑白，這實在令人擔憂。」

這個實驗太有名了，大家都相信「人如綿羊」，從眾心理的見解好像是舉世公認的真理一樣，以此為依據而提出了大量關於從眾行為的新假說。更糟糕的是，在政客、選民、政府官員等受過教育的言論中，這種觀點更加猖獗。眼前我們看到的網軍「帶風向」，就連政府都要編預算花上億的經費來養一群眼中只有錢，沒有是非的年輕人來幹這些勾當。《我們與他們：身份的科學》（Us and Them: The Science of Identity）一書的作者戴維．貝雷比（David Berreby, 1958~）則說，「但是『人如綿羊』這種觀點是錯誤的。它導致了更多錯誤的假設和糟糕的政策，是時候將其淘汰了。」

經過半世紀，人類在多次的知識革命、數位革命及新式教育下，東風吹、戰鼓擂，一個已經沒有偶像的時代，人還是一群綿羊嗎？「阿希從眾實驗」五十年後的二〇〇六年，心理學家伯特．霍奇斯（Bert Hodges）和安妮．蓋爾（Anne Geyer）重複了「阿希從眾實驗」。在大規模的實驗中，發現每個被試者分別進行了十二次類似的實驗，但多數實驗中，被試者平均只有三次同意了大部分人的觀點，而其餘九次都堅持了自己的觀點。正如霍奇斯和蓋爾所提到的：「個人應該是『遵從他所看到的』，而不是考慮別人怎麼說。」

人的行為似乎很容易受到「暫態事物」的影響，但影響行為的因素其實很複雜，更有可能是一些無關緊要的因素。那些匆忙趕路的神學院的學生幫助別人的意願遠不及那些時間充裕的學生強烈，這跟「愛心」無關；而跟「趕路」有關。人們的群體行為比較真實的樣貌，應該只能被解釋為受「多個」暫態影響，就像海上的一次又一次的波浪，以及在意識之外強有力的驅動力，就像深海海流，上下交相組合影響下的綜合行為。而所有出現的影響行為因素都是重要的、無法捉摸的、令人著迷的，絕非統計學家，更不是那些「選舉空軍」樣樣都可計算掌控的。

請「網軍帶風向」只是花冤枉錢

無論如何，現代的心理學家早已放棄了「人如綿羊」這種過於簡單的「從眾」觀念，說它是「偽心理學」也不為過。換句話說，甚麼「網軍帶風向」根本就是過時的刻板想法，政府政客的錢雖沒都白花了，但說花得冤枉則一點都沒錯。我們看楊蕙如在政府部門到處兜售他的「空戰」；看蔡英文的開心「被撩」；看韓國瑜、「宋神掌」上「博恩夜夜秀」，就以為可以撈到年輕選票，效果搞不好還比不上無心插柳的看雞蛋破殼而出，替小雞取名這種「綜藝小品」來得好呢！

這使我們想起「80－20法則」（The 80/20 Rule）。它指的是：在原因和結果、努力和收穫之間，存在著不平衡的關係，而典型的情況是：80％的收穫，來自於20％的付出；80％的結果，歸結於20％的原因。反過來說，在我們所做的全部努力之中，有80％的付出只能帶來20％的結果。「80－20法則」是由經濟學家維爾弗雷多．帕雷托（Vilfredo Pareto）在一九〇六年提出的。他認為：在任何一組東西中，最重要的只占其中一小部分，約20％，其餘的80％儘管是多數，卻是次要的。在選戰中，那個最後勝出的人，經常不是他做的努力特別多；也不是他做的努力多麼高明精準；更不是此人有多麼好，而更可能是他的對手太弱、使人嫌惡。至於為什麼他的對手令人討厭、投不下票呢？經常還真是一些「很冤枉」的原因，比如他長得醜、不但醜還沒有「型」，長得不像個總統的樣子；說話不像總統等等。沒有太多人會跟著「風向」走的，「帶風向」？別傻了！

二〇二〇年一月三日

以開放的國民主義建立理想的台灣國家

鄭欽仁

世上有許多民族主義（nationalism）的傑作；作品中有普遍性原理，也有研究對象本身的社會政治的「歷史的特殊條件」。但有一些學者往往只執一家之言，忽略有其「歷史的特殊條件」，故未必適合台灣。本文內容所介紹之理論簡核，兼具反省歷史之糾葛，期能作為「共同見解」而普及認知。

自一九四五年十月以來，台灣被編入中華民國體制內，對於以「中國」為國號，以及「中國民族」或「中華民族」等舶來名稱，不盡然了解其由來；在政治教育與歷史教育的強制灌輸下，不論是接受與否都造成「認同」問題，即國家認同、國民（民族）認同的問題存在。

清末推動變法維新的梁啟超，於一九〇一年主張以「中國」為國號，創造「中國民族」一詞，並認定「中國民族」即漢族。翌年開始用「中華民族」，從此普及化。梁啟超是提出「中華民族」詞彙的第一人，中華民族即漢族。孫文等的革命，首先主張「驅逐韃虜，恢復中華」；此中華即中國，是漢族的國家，「韃虜」不在內。

關於漢族，梁啟超在〈中國史敘論〉一文提到：「我輩現時遍佈于國中，所謂文明之胄，黃帝之子孫也。黃帝起于崑崙之墟，即自帕米爾高原，東行而入于中國，栖于黃河沿岸，次第蕃殖于西方。數千年，赫赫有聲于世界，所謂亞細亞之文明者，皆我種人自播之而自獲之者也。」

漢族是黃帝之胄，來自西方，入于中國，創造亞細亞文明；如此說來，中國民族，當然指的是漢族。但是概括在「中國史」範圍中之人種，梁以為不下數十，而舉出最著名有關係者有六。

所謂漢民族，從民族學的觀點，在學理上很難定義；有謂接受「漢字」文化，能納入該文化共同體而自認是漢人的，就是漢民族。論者以為從古代到現代，常發生「社會的漢族化」，即周邊的少數民族，接受中國文明而漢民族化，有的發生遺傳因子的混合。

馬偕醫院醫師林媽利指出，從血液組織抗原研究發現，台灣人在基因上屬於南方的亞洲人，也是中國東南沿海原住民越族的後代。中國的分子人類學家也指出，中國境內分類從北到南的廿五個地區，發現漢人可分北方漢人、中部漢人及南方漢人三個地區，地理差距越大，基因距離也越大。透過血液的組織抗原研究，台灣的閩南人與客家人在血緣上幾乎一致，屬於東南亞洲人，和北方漢人與北亞洲人在遺傳基因上有相當大的距離。

林媽利說，中國東南沿海一直到北越，都屬於越族的範疇，五胡亂華或魏晉南北朝，雖然有不少中原漢人南遷，使部份中原基因滲入，但戰爭平息後，大部份南遷漢人又搬回北方。

越族因經濟利益生存考量所以漢化。清朝時期越族又陸續遷移至台灣，在西海岸碰到屬於母系社會的平埔族，台灣人祖先就是「唐山公」與「平埔嬤」結合的故事，所以很多台灣人有平埔族的基因在身上。研究顯示，台灣人並不是傳統上「中原漢人」的後代。

若照梁啟超的說法，「黃河沿岸與揚子江沿岸，其文明各自發展，不相承襲。而甌、閩、兩粵之間，當秦漢時，亦既已繁盛，有獨立之姿。若其皆自河北移來，則其移住之歲月及其陳迹，既不可考矣。」（見〈中國史敘論〉）如此看來，有什麼血緣，可以與黃帝攀上關係？江南民族已攀不上關係，更不用說是台灣了。

但奇怪的是，距梁啟超的論點已有一百一十年的今天，仍有人搬出神話愚弄人民（最近高中歷史教科書的「課程綱要」問題顯然是一個例證）；對整個台灣來說，仍舊沒有放棄外來殖民地支配的本質，更何況一九〇一、一九〇二年的「中國民族」與「中華民族」的提出，台灣是在日本統治下，並不包括在刻意「設計」的內容之內。

自十六世紀前半開始，從中國大陸的閩、粵地區紛紛移民到台灣。但這種現象，不只是發生在台灣。不論在北方邊境或東南沿海，華人與周邊民族形成「邊境社會」，這是中心與邊陲發生移動的固有現象，也是發展成後來國際局勢的一個前兆。

從閩、粵地區的移民台灣者自認是漢人，嗣後受日本統治時有別於大和民族，自稱漢民族。但自一九四五年以後輸入「中華民族」、以及以炎黃為始祖的說法，不管漢民族或原住民，都莫名其妙的成為「炎黃子孫」了。也因此，中國共產黨政權頻頻招手，在中國國民黨推波助浪下，愚夫愚婦紛紛赴中國朝拜那捏造的黃帝陵、炎帝陵（神農氏），那些神像，也是不多年前出自想像而塑造的。

總之，自幾百年前以來，閩、越系的人移住台灣，有一些人要強調自己是漢民族，而且是從「中原」而來（中原民族），應是優越感在作祟。台灣人既非所謂「中華民族」，而是由許多不同的族群處在平等線上構成的獨特（unique）的命運共同體。

台灣人民必須要切記：中華民族一詞是在一九〇二年的「造語」，台灣自始至今不屬中國所有；一九四五年蔣介石受聯軍之命佔領台灣，並不意味台灣為中國所有。中國國民黨是外來政權，承襲殖民地的差別統治政策「統制」台灣，以「三民主義」、「中華民族」等概念強制植入台灣人腦中，不論是意識或潛意識，有些人因「內化」而達到其「改造」目的，今日「買辦」的賣台即是其中一部份。

台灣有台灣的民族主義，這是作為台灣人必須認清楚的。民族主義的性質有兩類，一是「封閉的」民族主義，一是「開放的」民族主義。「開放的民族主義代表『近代』的模式，趨向於互助交流，基於地域（領土）的組織以及一個政治社會，組成國民國家，但不是基於人種和血統。」

「封閉的民族主義，則強調民族的土著本性、共同血緣（人種、血統）以及祖先土地的根。」但沒有一種民族主義，是純粹屬於兩者之一。開放的民族主義如美國之例，「其建國是基於解放、融合、互助交流、個人主義等因素」，開放的民族主義「對於將來建立起理想的國家，超越過去，強調個人的自由自決」；這是台灣需要的民族主義。

關於 nationalism 一詞，根據丸山真男的說法，有三種譯法：國家主義、民族主義與國民主義。台灣人民在這塊土地上，有意願要建構近代國家、國民國家（nation-state），自覺是這「命運共同體」的成員；這樣的國民意識形成台灣的「國民主義」，進而建立近代國家。

這樣的國民主義的主張，有別於「重現血緣傳統的漢人及所主張的民族主義，即『種族民族主義』，同時又是『漢民族中心主義』」的「中華民族論」的封閉性民族主義。正因國共兩黨的這種主張，造成中國大陸各民族受壓迫、以及台灣被侵略的危機。這是台灣人必須拒絕接受的。

二〇一八年一月三日

中華民族論非台灣國民主義的基礎

鄭欽仁

「中華民族」創造於何時何人？

台灣的國民主義是建立在「台灣命運共同體」的基礎上。

背景說明

清朝繼承明朝傳統的「天朝體制」，以大國之威對周邊國家用「冊封體制」、「朝貢貿易」居於東亞霸權盟主（hegemony）的地位，這就是歷史家所形容的「東亞的傳統國際秩序」。但自西洋國家的海權伸張到東亞之後，經過鴉片戰爭（一九四〇～一九四二年），清朝這一套以「天朝」為中心而視世界各國與民族為落後的野蠻國家與民族的自我為中心體制，不但崩潰，而且無法自保。

另一方面，一六四八年西洋結束三十年戰爭，訂立威斯特伐利亞條約（Westphalia

treaty），彼此承認國家主權；從此，西方國家群建立的一套國際秩序與國際法，隨著西方國家勢力擴張到東方。自鴉片戰爭戰敗後所訂的合約，清帝國屢經反覆，再度發生多起的戰爭。終於不得不順從「西洋型的近代國家體制」。

舉例來說，一八七四年琉球人因船難，漂泊到台灣被原住民殺害（即「牡丹社事件」），日本明治的維新政府要求清朝賠償，清廷指為「化外之地」，日本以美國人李仙德為顧問，向日本建議出兵，這件事是日本學到「近代國家」的「領土」概念，不構成對清朝這個國家的領土侵略。

話說回來，從西方建立起的國際關係與國際法，東方的國家如日本，最努力學習。清朝不得不自一八六〇年代初開始「洋務運動」，但守舊派的掣肘，一八九五年的甲午戰爭，證明該運動的失敗。這個教訓，一八九八年光緒皇帝下詔變法，但慈禧太后發動政變，終歸失敗。主張變法之士或被處刑，或流亡；梁啟超乘日本軍艦亡命日本。

以「中國」為國號

梁啟超在一八九八年流亡日本，他和許多留學日本的學生一樣，感到中國各王朝有其稱號，或稱秦、漢……明、清，但無國號。

早在梁啟超流亡日本的前十年，即一八八八年，那珂通世以漢文撰寫的《支那通史》卷首已經出版，在其序言中就指出中國無國號問題，所以他的著作只好以「支那」來統稱。諒當時日本學者的作品，也啟蒙梁啟超以及旅日的中國人。（註一）

然而筆者為了行文的方便，在前文用中國或中國人之稱號，實際上在法制上成立，是要到一九一二年中華民國成立的時候。但「中國」一詞是正式國號的簡稱；此從一九七一年中華民國在聯合國已不能代表中國之文獻，即聯合國第二七五八號決議文可以為證。（註二）總之，要有國號是接受西方近代的觀念和制度。

梁啓超創造「中華民族」一詞

梁啟超主張以「中國」為國號，那麼這個國家的「民族」如何稱呼？梁在一九〇一年提出「中國民族」，翌年改稱「中華民族」，而以黃帝為始祖神，脫不了傳說與五行的概念。當時的「近代國家」觀是「一民族一國家」的觀念，那時的大和民族的歷史經驗被認為合乎「一民族一國家」的觀念（按：現在不以為然）；或許梁因此受到日本啟示，主張以黃帝為始祖，而中華民族等於漢族。

根據狹間直樹教授的研究，將梁的思想分為四期，第一期（一八九〇～一八九八）主張世界主義，受其老師康有為大同主義的影響；第二期（一八九八～一九一二）、第三期（一九一二～一九二〇）都是主張「國家主義」，第四期（一九二〇～一九二九）又回歸到世界主義，這是一方面看到德國的戰敗，（註三）一方面是因為中國的知識分子到年老又回歸到中國傳統的思維的一個典型。

所言國家主義是 nationalism 思想之一，nationalism 又可以譯作民族主義、國民主義；即三個流派的意涵不同。國家主義簡單說是國家至上主義。但梁的中華民族等於漢族，與歷史發展的事實不符。

孫文的「中華民族」論的演繹

孫文主張「民族主義」就是「國族主義」，他瞭解「哪遜」（筆者按，即 nation）有兩種解釋，一是民族，一是國家。對於字義的解釋，孫文是瞭解的。

他認為「中國自秦漢而後，都是一個民族造成一個國家」，但是中國史上的五胡國家、北朝和遼、金、元、清是否是「一個民族造成一個國家」？

孫文有一段話，認為中國的民族總數是四萬萬人，其中「參雜」蒙古人、滿洲人、西藏人、突厥人，「外來的總數，不過一千萬人。所以就大多數說，四萬萬中國人，可以說完全是漢人。」孫文竟然無視歷史事實，而公然抹殺其他民族。接著孫文又說，是「同一血統，同一言語文字，同一宗教，同一習慣，完全是一個民族。」

這是孫文所捏造的「神話」，說是：「完全是一個民族」。而孫文另外在其「民族主義」

第一講，認為元朝的蒙古人、清朝的滿洲人被「漢族」所「同化」。而「漢化」的「同化」（assimilation）是建立在「吸收理論」（absorption theory）。這是抹殺其他民族的理論；既然在他的論述中指「蒙古民族」、「滿洲民族」為民族，何以不是共存的民族？如橫山宏章教授所指出的，孫文是反對「五族共和」，只有他為大總統的短暫時間迫於形勢，不得不主張五族共和。（註四）其思想被中國國民黨、中國共產黨所繼承，既是今日的中國「滅其族、滅其文」的政策。

孫文主張民族是「自然形成的」，而國家的形成不同。但「中華民族」是「人為的」；在創造期間台灣在日本統治下，故與台灣無關，主要是二次世界大戰後由中國大陸的「船來品」。至於孫文，在台灣被日本統治時要求日本在台的總督協助他推翻滿清。這樣來做客的人，與台灣社會毫無關係，竟然被尊為「國父」。這種外來殖民地統治的體制，不能不打倒，也不能不追究責任。

中共的中國民族主義

最後簡述「中華人民共和國」的民族主義特色。

一、該國主張有五十六個民族，除漢族外有五十五個「少數民族」；後者被稱為「少數」，即是歧視的用語。

二、「少數」之中，有台灣的「高山族」，但從其建國以來未曾統治台灣，而竟然列其中，目的在統戰。

三、該國憲法明記反對「大民族主義」、「大漢族主義」。目前對維吾爾、圖博（Tibet）等民族，正在消滅其文化和實施種族滅絕（genocide）政策，已是眾所周知的事情。實際上其統治是「大漢族主義」。

四、該國憲法明記反對「地方民族主義」。但維吾爾族是屬於伊斯蘭文明圈、圖博族屬於印度文明圈、蒙古族屬於北亞的內陸亞文明圈；而在歷史上都有其國家，並非以「地方民族主義」可以稱之。

五、對於所謂「中華民族」認為是「多元一體」的；從血緣、文化、宗教、生產方式、社會習慣及民族認同，是多元、多體，並非一體。

結語

梁啟超、孫文、中國國民黨、中國共產黨所主張的民族主義，都不適合台灣。很清楚的所謂「中華民族」對台灣來說是「舶來品」，水土不服。

Nationalism 一詞的翻譯有三種：即國家主義、民族主義與國民主義。台灣所要的是國民主義，即「開放的」nationalsim；即重視國民的人權、自由、民主、法治等因素。經過幾個世紀長遠的時間演變過程，使台、澎等地域在地緣上與政治上自然成為一體；自然鑄成的「內聚力」在自然演變已劃定的「領域範圍」，共同自覺是「命運共同體」；藉此共同營造一個國家也是極其自然，而且是當然的事情，這就是台灣國民主義形成的條件與過程。總之，藉此共同營造一個國家，進而對人類文明的貢獻。但此有別於「封閉的」nationalism 之過度強調單一血緣（人種、血統）以及祖先土地的根，而以國家的「暴力裝置」強化它的「封閉性」，迫害人間社會之自然和諧關係。很顯然的，當今中國即是如此。

註釋

一、那珂通世（一八五一～一九〇八）編《支那通史》卷一，明治二十一（一八八八）年九月八日出版，同年十二月二十五日校勘再版，中央堂發行。此卷一〈首篇　總論〉開頭就說：「支那帝國，又名大清國（中略），其地屢經朝家之興亡，國號隨便，無一定之稱。國人自稱曰中國，蓋以為居天下之中也。又曰華、或曰華夏，猶言文明之邦也。此皆對夷狄之稱而非國名也。大清者，今代之國號，即所以別於前朝也。與外國相對亦用此稱。外人蓋謂之支那，此非國人所自名。昔秦皇帝威震四夷，故西北諸國遂呼其地曰秦，後轉為支那也。」（按：接著提到漢、唐之世，）「稱其民曰漢人、或曰唐人。」

二、聯合國代表權問題。一九七一年十月二十五日聯合國大會表決是「中華民國」或「中華人民共和國」為「中國」的正式代表；大會的第二七五八號決議文，承認「中華人民共和國」為「中國」的代表。今擇錄一段作為說明：

Recognizing that the representatives of the Government of the People's Republic of China are the only lawful representatives of China to the United Nations……

Decides to restore all its rights to the People's Republic of China and to recognize the representatives of its Government as the only legitimate representatives of China to the United Nations, and to expel forthwith the representatives of Chiang Kai-shek from the place which they unlawfully occupy at the United Nations and in all the organizations related to it.

其譯文如下：

承認中華人民共和國政府的代表是中國在聯合國組織的唯一合法代表，……。

決定：恢復中華人民共和國的一切權利，承認她的政府的代表為中國在聯合國組織的唯一合法代表並立即把蔣介石的代表從他在聯合國組織及其所屬一切機構中所非法佔據的席位上驅逐出去。

從以上的表決文，很清楚的說明「中國」一詞即是「國號」，我人不必取以自擾。台灣是自由民主政體的國家，以台灣做為國號是世界已承認的事實，問題在行政當局沒有正式宣言能促使「事實的國家」成為「法理的國家」。

澳洲雪梨大學的副教授 Salvatore Babones 專攻社會學、社會政策，曾在 Foreign Affairs 的網站公佈一文：Taipei's Name Game - It's Time to Let Taiwan Be Taiwan，應該用自己的名字「台灣」，主張台灣當局發表「台灣認同宣言」；即使一時沒有許多國家與台灣建交，但會有許多國家與台灣交流。此文在日文版的 Foreign Affairs Report（二〇一七年二月號）將譯文刊出，題作〈中華民国という名称を捨て、台湾アイデンティティの宣言を―「一つの中国」のジレンマを解く〉，附題已明白表示應從「一個中國」的矛盾解放出來。如果如此的話，讀者不難想像台灣會在內政與外交豁然開朗，提供給自己開明改革的條件。

又，日本李登輝之友會（原名：日本李登輝友の会）之事務局長柚原正敬在二〇一八年五月號的 Will（月刊）發表〈国名は台湾でいい——李登輝〉（暫譯：國名用台灣就好——李登輝）一文，明言中國與中華民國憲法本來與台灣無關，應解決與中國的特殊狀態，脫卻中華民國體制；改國名作台灣，並制訂新憲法（不是「修憲」），用台灣的名義走向世界。該文內容豐富，不能一一介紹，但與上文介紹澳洲學者主張「台灣認同宣言」如出一轍。美國及世界各國用台灣稱呼，不用中華民國；這是世界潮流，唯台灣國內矇昧，「易欺而難悟」。

上舉聯合國表決問題，如欲知一九七〇、一九七一年的鬥爭過程及對日後之影響，可參考筆者之〈民族主義與國家認同〉，收入《生死存亡年代的台灣》，一八七至二〇一頁。（稻鄉出版社，民國七十八年二月出版）

三、參考狹間直樹編《共同研究：梁啟超——西洋近代思想受容と明治日本》。尤其關於梁啟超思想之分期，參考狹間直樹教授所寫的〈序文〉。みすず書房，一九九九年十一月十日發行。

四、參考橫山宏章（Yokogama Hiroaki）著《中国の異民族支配》，集英社新書，二〇〇九年二月二十二日出版。

辛亥革命發生，強調「排滿」、「華夷之辨」，即「漢民族單獨建國主義」，當時十八省紛紛宣布獨立，脫離清朝，強調由十八省成立國家。但黑龍江、吉林、奉天、新疆四個行省以及內蒙、外蒙、西藏等廣大區域是「外部」，不包括在內。不但有「十八星旗」（參圖1）。四川軍政府還鑄造「漢十八星壹圓銀幣」（參圖2），標示中華民國元年。（台灣人應留意的是：台灣不被當時的中國認為是中國的領土，故當時不被列入討論。）

但十八省有一省取消獨立，由十七省的代表聚集在上海成立「各省都督府代表連合會」，摸索成立新的中國政府。「連合會」統稱為「立憲派」，成為主流；「革命派」的孫文在十二月才回國，十二月二十五日始參與，大勢由「連合會」主導。雖然翌年的一九一二年一月一日成立中華民國，以孫文為臨時大總統，只能接受「連合會」的「大一統」主張，即「五族共和」。

「五族共和」是漢、滿、蒙、回、藏的五族為一體共同建設共和國，即「五族共和」論。（參圖 3、圖 4）當時的楊度使用「五族立國」、「五族一家」（見橫山，第九十四頁）。孫文嫌惡「五族平等共和」，認為其他民族應被漢族「同化」，即「漢化」；漢族對其他民族是「主從關係」（橫山，第一〇五頁）。

此另可參考筆者著《中華民族論的演變》，原載《台灣風物》第六〇卷第四期（「六〇周年專刊」）；另有筆者自出資印製的「單行本」。

今日中國的習近平要維吾爾、圖博族「中國化」，實際上是「中國共產黨化」，即遵從該國憲法及「中共十九大」的「毛澤東思想」「馬克思列寧主義」。中國所厲行的是民族滅絕（genocide）政策。

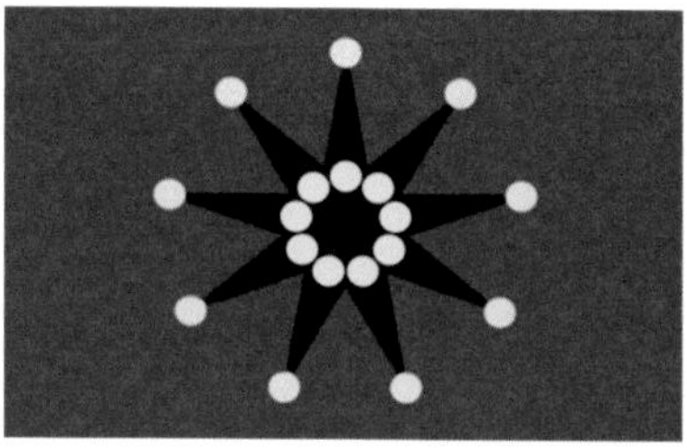

圖1：「十八星旗」，排除異民族，漢民族（十八省）中心主義。資料來源：橫山宏章著《中国の異民族支配》，集英社新書，二〇〇九年，作者提供

圖2：四川軍政府造「漢十八星壹圓銀幣」中華民國元年（一九一二）。資料來源：橫山宏章著《中国の異民族支配》，集英社新書，二〇〇九年，頁八五，作者提供。

圖3：「青天白日旗」，國民黨訓導各民族形成的「中華民族」共和國。資料來源：橫山宏章著《中国の異民族支配》，集英社新書，二〇〇九年，作者提供

圖4：「五色旗」，各民族平等，五族共和（大一統）。資料來源：橫山宏章著《中国の異民族支配》，集英社新書，二〇〇九年，作者提供

參考著作

一、〈中華民族論的演變〉，《台灣風物》第六〇卷第四期，二〇〇八年十二月三十一日。另有單行本。

二、〈中國之意義—古今意義不同，進入近代始作為國號〉，收入氏著《中國現狀與歷史問題》，現代學術研究基金會，二〇一九，頁一三～二二。

三、〈「中華」之意涵—從唐高宗的「以中華之無質，尋求印度之真文」談起〉，收入氏著《中國現狀與歷史問題》，現代學術研究基金會，二〇一九，頁二三～二六。

四、關於 nationalism。

nationalism 是早在十八世紀以前在歐洲與美國萌芽，以後很快的傳播到世界。二十世紀後半起成為普遍的意識形態。

nationalism 以國家形成為至上目的。民族獨立與國家形成有不可分的關係。但是 nationalism 的演變在時間上是世紀性的，在地域上全世界有眾多的民族，各有不同的歷史上之文化傳統（民族、宗教、語言）等，以及社會構造存在，所以 nationalism 成立的條件不同，而不能一言以概之。

研究者因各地域（包括歷史、文化、社會結構）的研究對象而有不同的主張。但各 nationalism 有共同性（普遍性）的原理，但各有因上述各地域條件而有其「特殊性」。歷史研究者不能忽略其「歷史發展的特殊條件」和該民族建構國家時的主張。因此對 nationalism 的翻譯因意義而不同。

丸山真男教授將 nationalism 分別譯作國家主義、民族主義和國民主義，已在上文提過；已經被日本學界普遍的採用。茲參考《大辭泉》的簡介，比較容易瞭解，說明如下。

（一）國家主義。將國家視為最高價值，是人類社會最高的組織。國家有絕對性的優越地位，凌駕個人之上。

（二）民族主義。對民族的存在、獨立與利益為優先，不僅要確保而且要能增進。這樣的思想與行動稱為民族主義。但其極端的發展變成國家主義。

孫文的三民主義中，主張民族主義，又稱為國族主義，強調單一血緣，已在前文說過。

（三）國民主義。主張尊重國民的人權與自由，在民主的前提下建立國家，這樣的思想與運動稱為國民主義。

總歸一句話，nationalism 的究極目的是：為國家與民族的統一、獨立與繁榮的思想與運動。但上述國家主義與民族主義的詮釋，不難看出第二次世界大戰慘痛教訓之意涵。台灣人也嘗過日本軍國主義的滋味。又筆者在本文指稱「封閉的」民族主義強調血緣關係之不宜取，其流弊已見希特勒之民族淨化政策。今日人類之危機是習近平的中國實施種族滅絕（genocide）政策，已在上文敘述。

最後關於「開放的」民族主義，並不是忽略歷史文化的傳承，如血統、語言、宗教、風俗習慣等等，台灣是多族群的國家，不宜特別強調血緣因素，因此適合的是上述國民主義的詮釋。

本文應康寧祥先生之邀談，寫於二〇一八年秋冬之際

二〇二一年四月二十三日

美國面對烏克蘭危機的省思

謝淑媛

一九九一年冷戰結束，蘇聯（USSR）解體，烏克蘭（Ukraine）脫離前蘇聯的控制，恢復為獨立主權的國家。一九九七年我受邀請去參加國際減少核武研討會，並參觀他們以前生產核武的重地。我對烏克蘭很有興趣，不僅是Dr. Zhivago小說和電影的舞台，他們的歷史文化與俄羅斯相異，政治背景卻與我們的台灣非常相似。

我客住的地方是一座古色古香的貴族小宮殿，幽雅富貴的建築，由四位女「同志」管理。她們都非常有禮貌、親切。雖然只是高中畢業，個個會背誦自己喜歡的詩詞，更會創作詩詞。我在想，我們台灣或美國的高中畢業生，是否也如此含有高尚的文化修養？

在基輔首都時，搭了Taxi，司機講一口流利的英語跟我對談。其實我只問，由他解答。他很嚴肅地告訴我：

「我們烏克蘭人有我們自己的烏克蘭語，可是俄羅斯說我們沒有，只是方言而已，必須用俄語。」接著他論述烏克蘭的歷史。「我們從中世記就已成立了一個王國，獨立自主的國家。經過多少世紀的經營，我們從未侵佔別人，唯有被人侵佔，被人統治。如波蘭、俄羅斯都曾把我們當成他們理所當然的殖民地。可是我們很堅強，團結站起來！……」

這種話聽起來很熟悉，似乎是我們自己的台灣歷史，鄰居的大國欺壓周圍的小國！我們沒侵略過別的國家，只受過外人的侵略和殖民。不是嗎？

烏克蘭是歐洲第二大國，俄羅斯最大。烏克蘭除了被波蘭和俄羅斯統治外，十三世紀上半期也遭蒙古人的征服。我們讀過成吉斯汗的兒子們，不論到哪裡，一來就殺！殺！殺！幾乎殺了泰半的烏克蘭人口，很多人逃散去別的國家才生存下來。

幸運的是烏克蘭人很有民族心，不懼外人的欺壓和催毀，終於在一九一七至一九二一戰後，又成立了一個獨立的國家，卻與蘇聯合併為 USSR 的一部分。一直到一九九一年，USSR 瓦解，才真正獨立起來，脫離俄羅斯（Russia）的支配。

沒料到俄羅斯碰到獨裁專制的普丁，仍不放過烏克蘭的獨立，時時企圖把它強奪回來。當年烏克蘭屬於 USSR 的一個共和國時，它的農業發達，是蘇聯的穀倉，礦產豐富，出產煤、鐵、各種製造核武器的稀有金屬，石油和天然瓦斯也相當充足。冷戰期間，美蘇各擁有一萬兩千五百至一萬三千五百的核彈頭，其中的四千顆核彈頭就在烏克蘭，況且都是烏克蘭自己的科學家和工程師設計、生產的。

冷戰後，不僅烏克蘭有核武器，且算是全世界第三大核武國。美國位居冠軍，俄羅斯亞軍，中國根本不能搬上位。其他國家哈薩克（Kazakhstan）和白俄羅斯（Belarus），也繼承了USSR的核武。然而歐美西方國家，尤其是美國和英國，只希望俄羅斯擁有前蘇聯所有的核彈頭和其他載運核武的工具，堅持其他國家都不要有。

幾年後的一九九四年年底，烏克蘭、俄羅斯、英國、和美國簽了一個備忘錄，稱為布達佩斯備忘錄（Budapest Memorandum）。表面上，美、英、俄沒有「威脅」烏克蘭放棄核武，可是你看一看他們的部分條件：

一、如果烏克蘭、哈薩克、白俄羅斯與美國合作，把全部核武交給俄羅斯，你們將會得到莫大的經濟援助，發展民生工業，成為富裕的新國家；

二、如果你們不肯，要保有原來的核武，則會受到「流氓國」的待遇，也會被國際社會的孤立；

三、在外交上、國際貿易上、科技上、經濟上的發展都沒有希望；

四、美國還特別指出，烏克蘭你不願意，我可能不承認你是個獨立的國家。

如此條件不是威脅，是什麼？「胡蘿蔔及棍子的手腕（Carrot & Stick Strategy）」我們早被中國駭慣了。那時代的USSR即是因為把國庫財源都花在軍備上，人民窮困，生活貧苦，連三餐都顧不了，誠心期待著有開發經濟的機會。至少把民生問題先解決，再論國土安全。烏克蘭簽了。

相反的，芝加哥大學（University of Chicago）的 John Mearsheimer 教授，認為美國這樣做是錯誤的。由歷史探討，有一天，烏克蘭仍會被俄羅斯侵略、被殖民、被破壞。烏克蘭不會侵略別人，更不會想攻擊大國俄羅斯。倘若烏克蘭沒有核武嚇阻敵國，特別是有核武的俄羅斯，早晚俄羅斯會欺壓它，佔有它，再一番把它當為自己的領土。可惜政治家的短暫利益，或為自私的原因，往往不採取學者專家的建議，自作聰明，破壞了長遠性的穩定計劃。

就說目前的台灣，一九九〇年代我回國擔任 DPP 的台灣國防安全與戰略工作，國民黨政府買了五百輛坦克車。請問菜市仔的 Oba-san，她也知道坦克車是攻敵佔領、上岸用的，台灣哪裡去攻敵？買昂貴的外國武器攻誰？後來說是「防台灣人反 KMT 用的。」哈哈！前年台灣 DPP 總統又買了五百輛新坦克車給陸軍，當償品。她有軍師，但她的決策總是獨斷的，不問他人，一個人決定，浪費人民的稅！

又回到我去烏克蘭的經歷，去參觀烏克蘭之飛彈工廠時，和他們的核物理專家、工程師等開會討論我們台灣如何支持他們、幫助他們發展民生經濟。我們很興奮地相見，他們的微笑是亮晶晶的，因為他們的國家為了保護這些好難得的人才，他們的健康第一，不能受核輻線的損害。他們的每一顆牙齒都用 24K 金鑲著，說起話來，更是閃閃發光！

「謝教授，我們一群人一直是單純的科學家、機械師、電機工程師等，一生為國家、為人民服務。不干預國內政治，更不涉及國際政治。對國防工業企業化的經濟一點也不瞭解。因此我們盼望去貴國台灣工作，或者我們合作、創業、生產、外銷、宣傳等，讓我們烏克蘭人能夠繼續生活下去。」

邀請我去的 A. Shevtsou 教授原是核武器生產的負責人，冷戰結束，變成開發經濟的總經理。他私自對我擔憂地說：「我們的核武都送人了。如果我們有核武，有一天，別人要攻來，會先三思而行的。」

現在的美國，面對獨裁普丁的十萬軍隊、火箭、坦克車、槍砲等圍困民主的烏克蘭，如螞蟻迎上烽火，跳不進去，也跑不出來。這才恍然大悟，無法讓烏克蘭拿出有力、又有效的核武神主牌，去擋住俄羅斯的武功威脅。只用外交協商與經濟制裁是趕不走專制、貪污的普丁，雖然他怕的是民主制度！

烏克蘭和美國所付的代價，的確太高，援救的餘地也不多，應該是美國前人的錯誤。

二〇二二年二月七日

民報文化藝術叢書03　PF0329

台灣人的心頭話

──《民報》評論選集（二）

主　　編／劉志聰、陳永興
作 者 群／民報專欄作者群
責任編輯／鄭伊庭、石書豪
圖文排版／黃莉珊
封面設計／吳咏潔

出版策劃／獨立作家
發 行 人／宋政坤
法律顧問／毛國樑　律師
製作發行／秀威資訊科技股份有限公司
地址：114 台北市內湖區瑞光路76巷65號1樓
電話：+886-2-2796-3638　傳真：+886-2-2796-1377
服務信箱：service@showwe.com.tw
展售門市／國家書店【松江門市】
地址：104 台北市中山區松江路209號1樓
電話：+886-2-2518-0207　傳真：+886-2-2518-0778
網路訂購／秀威網路書店：https://store.showwe.tw
國家網路書店：https://www.govbooks.com.tw

出版日期／2022年11月　BOD一版　**定價**／320元

|獨立|作家|
Independent Author
寫自己的故事，唱自己的歌

讀者回函卡

台灣人的心頭話：<<民報>>評論選集 / 劉志聰,
陳永興主編. -- 一版. -- 臺北市：獨立作家,
2022.11
冊；　公分. -- (民報文化叢書；2-3)
BOD版
ISBN 978-626-96328-8-6 (第1冊：平裝). --
ISBN 978-626-96328-9-3 (第2冊：平裝)

1.CST: 臺灣政治 2.CST: 時事評論
3.CST: 文集

574.3307　　111015280

國家圖書館出版品預行編目